KB242781

현대사회
노인우울의
위기개입

현대사회
노인우울의
위기개입

김옥규 지음

KSI 한국학술정보㈜

머리말

본 연구는 경기지역에 소재한 종합사회복지관과 노인복지회관에서 각종 재가복지서비스를 이용하고 있는 빈곤 노인의 우울수준을 측정하고, 이에 영향을 미치는 요인을 판별하여 빈곤 노인의 우울을 예방 또는 경감할 수 있는 프로그램 개발과 정책 수립을 위한 방안을 제시하는 데 기본적 목적이 있다.

이러한 연구목적을 달성하기 위해 관내 20개 종합사회복지관과 10개 노인복지회관에서 재가복지서비스를 이용하고 있는 빈곤 노인 326명을 대상으로 구조화된 설문지를 통해 자료를 수집하였다. 수집된 자료는 SPSS 11.0의 교차분석, t 검증, ANOVA, 회귀분석 기법을 이용하여 분석하였다.

본 연구의 주요 결과는 다음과 같다.

첫째, 우울수준을 판단하는 우울점수는 평균 8.89점으로 연구대상 빈곤 노인의 80.4%가 우울증이 의심되어 빈곤 노인의 우울이 매우 심각하였다.

둘째, 빈곤 노인의 우울에 영향을 미치는 변인은 거주형태, 주관적 경제상태 평가, 주관적 건강상태 평가, 가족기능과 가족지지라는 5개 변인이었다. 즉 빈곤 노인이 혼자 거주할수록, 경제적으로 충분하다고 느낄수록, 자신의 건강이 좋다고 느낄수록, 가족기능과 가족지지가 높을수록 빈곤 노인의 우울 정도가 낮은 것을 알 수 있다. 그러나 여가활동 참여도와 여가활동 만족도, 사회적 지지, 일상생활 수행능력과 도구적 일상생활 수행능력, 재가복지서비스 만족도와 이용횟수는 빈곤 노인의 우울에 영향을 주지 않았다.

셋째, 빈곤 노인의 우울수준이 노인의 특성과 기능상태에 따라 어떠한 차이를 보이는가에 대한 가설을 설정하여 검증한 결과 인구사회학적 변인을 제외한 대부분의 가설이 지지되었다. 빈곤 노인의 경제 및 주택 관련 요인에서 주관적 경제상태 평가가 부정적인 노인, 정부와 복지기관으로부터 생계비를 지원받고 있는 노인일수록, 신체적 건강요인의 만성질환의 수가 많고 주관적 건강상태 평가가 부정적이며 일상생활 수행능력이 낮을수록, 우울수준이 상대적으로 높게 나타났으며, 여가활동 요인의 여가활동 참여도와 만족도가 낮은 빈곤 노인일수록, 사회적 지지요인의 가족기능과 가족지지 수준이 낮고 재가복지서비스에 대한 만족도가 낮은 빈곤 노인의 우울수준이 상대적으로 높게 나타나 의미 있는 차이를 보이고 있다.

넷째, 위험군 노인집단의 우울수준에 영향을 미치는 변인을 판별한 결과, 독거노인과 80세 이상의 후기고령 노인의 우울에는 주관적 경제상태 평가 및 건강상태 평가가 주요 변인으로, 여성 노인과 사별 노인의 경우에는 주관적 경제상태 및 건강상태 평가와 가족기능과 가족지지의 변인이 우울에 의미 있는 영향을 주었다. 유병 노인의 경우에는 주관적 경제상태 및 건강상태 평가, 가족기능과 가족지지 및 거주형태가 주요 변인으로, 국민기초생활수급권자인 절대빈곤 노인의 우울수준에는 주관적 경제상태 및 건강상태 평가, 가족기능 및 거주형태가 우울에 의미 있는 영향을 미치는 변인인 것으로 나타났다.

이상의 연구 결과를 토대로 다음과 같이 제언하고자 한다.

첫째, 빈곤 노인의 우울이 매우 심각한 것으로 나타난 점을 근거로 해 볼 때, 빈곤 노인의 우울을 예방하고 경감할 수 있는 종합적 노인복지대책이 강구되어야 한다.

둘째, 빈곤 노인에 대한 종합적 사례관리를 활용한 건강서비스가 이루어져야 할 것이다.

셋째, 빈곤 노인을 위한 소득보장대책이 절대빈곤의 해결에서 벗어나 상대적 빈곤을 해결하는 방향으로 재조정되어야 할 것이다.

넷째, 빈곤 노인 가족에 대한 상담프로그램과 가족지원서비스가 강화되어야 할 것이다.

다섯째, 빈곤 노인을 위한 재가복지서비스의 질적 개선이 요구된다.

여섯째, 향후 빈곤 노인의 우울에 대한 질적 연구와 우울 예방 및 경감 프로그램의 효과성을 평가하는 연구가 이루어져야 할 것이다.

목 차

I

서 론

1. 연구의 필요성

2005년 65세 이상 노인 인구는 전체 인구의 9.1%로 2004년 8.7%에 비해 0.4%가 증가하였고, 1995년 5.9%에 비해서는 3.2%가 증가하였다. 우리나라는 2000년에 이미 고령화사회에 진입하였으며 2018년에는 14.3%로 고령사회에 진입할 것이고, 2026년에는 20.8%가 되어 초고령사회에 도달할 것으로 전망된다(통계청, 2005). 이에 따라 초고령사회에 대비해야 한다는 목소리가 높아지고 있으나 인구 고령화 속도에 비해 사회복지 차원의 노인문제에 대한 접근과 준비는 그 속도를 따라가지 못하고 있는 실정이다.

특히 현재 노인들 중 노후대책을 마련해 놓은 사람은 30%에도 미치지 못한 것으로 나타나(통계청, 2004) 노년기의 빈곤 문제가 더욱 심각해질 것으로 예상된다. 더욱이 연금제도가 발달하지 못하였고, 재취업의 어려움, 자녀지원의 부족 등으로 인해(박차상 등, 2005), 빈곤층으로 분류되는 노인 인구는 더욱 증가할 것이다. 실제로 1996년부터 2003년까지 우리나라의 빈곤지표는 더 악화되었으며, 향후 빈곤층의 사회적 배제 및 상대적 박탈감이 증가될 것으로 전망되어(김미곤, 양시현, 최현수, 2003) 빈곤 노인의 복지에 대한 관심과 제도적 보완이 절실히 요구되고 있다.

노인 인구의 증가는 빈곤이라는 경제문제를 경험하는 노인

인구뿐 아니라 건강과 심리사회적 문제를 경험하는 노인 인구의 증가도 수반할 것이다.

노년기의 건강문제와 심리사회적 문제가 복합적으로 작용하는 대표적인 문제는 우울이다. 노인들 중에서 가벼운 우울에서 심각한 우울을 겪고 있는 노인은 전체 노인의 41.4%였으며 남성 노인은 32.8%, 여성 노인은 46.6%가 우울증상이 있는 것으로 조사되었다(한국보건사회연구원, 2001). 또한 경기지역의 보건소 이용노인과 경로당 이용노인을 대상으로 조사한 결과 60.1%의 노인들이 경계우울과 우울증상을 호소하는 것으로(김진순, 손태용, 금란, 홍금덕, 1999) 보고하여 우울이 노년기의 대표적인 정신건강 문제임을 알 수 있다. 특히 물질적, 심리적 자원이 부족한 빈곤 노인은 우울에 더욱 취약할 수밖에 없으며, 빈곤 노인이 일반 노인들에 비해 우울이 매우 심각한 것으로 나타났다(황미영, 1999). 경제적인 어려움은 특히 우울에 많은 영향을 미친다고 볼 수 있으며(Ross & Mirowsky, 2001), 국내 많은 연구에서도 경제적으로 어려움이 있다고 느낄수록 노인은 더 우울한 것으로 나타났다(김도환, 2001; 김병하, 남현철, 1999; 이영자, 김태현, 1999; 이수애, 이경미, 2002; 허준수, 유수현, 2002).

이와 같이 노년기에 우울이 증가할 수 있는 실재적, 잠재적 위험성을 갖고 있음에도 불구하고 노인들 중에서 우울문제로 상담이나 치료를 받는 노인의 비율은 매우 낮다. 보건복지부(2000) 조사 결과 우울이 의심되는 노인의 17%만이

정신보건서비스를 이용하고 있음을 볼 때, 지금까지 노인을 대상으로 한 노인복지의 정책과 전달체계는 신체적 건강문제가 있는 노인을 대상으로 한 장기요양에 대한 접근이 주류를 이루고 있다(최명호, 선우덕, 최현민, 2001). 또한 재가복지서비스 역시 기본적 욕구에 치중되어 노인의 정신건강 문제를 해결하고 삶의 질을 높이는 방향으로 접근하지 못하고 있는 실정이다.

이와 같이 노인의 문제를 단편적으로 접근하고, 기초생활보장에 치중함에 따라 노년기의 다양한 심리사회적 문제를 해결하지 못하는 노인복지서비스의 한계로 노년기의 정신건강 특히 우울의 문제는 더욱 심화될 것이며, 특히 개인 및 사회적 지지체계가 취약한 빈곤 노인의 우울문제는 더욱 심화될 가능성이 높다.

이러한 빈곤 노인의 우울문제를 해결할 수 있는 노인복지정책과 실천방안을 마련하기 위해서 가장 먼저 이루어져야 할 것은 빈곤 노인의 우울수준을 정확히 파악하고, 이러한 우울수준에 영향을 미치는 요인을 판별해 낼 수 있는 과학적 연구이다. 즉 빈곤 노인을 대상으로 인구사회학적 요인, 경제적 요인, 신체적 건강요인, 여가활동 요인, 사회적 지지요인이 우울수준에 어떠한 영향을 미치는지를 판별하여 빈곤 노인의 특성에 맞는 우울예방과 해결을 위한 노인복지정책과 실천적 대안을 제시하는 연구의 필요성은 매우 높다고 할 수 있다.

2. 연구의 목적

본 연구는 경기지역에 소재한 종합사회복지관과 노인복지회관에서 각종 재가복지서비스를 이용하고 있는 빈곤 노인의 우울수준을 측정하고, 이에 영향을 미치는 요인을 분석하여 빈곤 노인의 우울을 예방 또는 경감할 수 있는 프로그램 개발과 정책 수립을 위한 방안을 제시하는 데 기본적 목적이 있다. 이러한 연구목적을 구체적으로 제시하면 다음과 같다.

첫째, 빈곤 노인의 우울수준을 파악하고 우울수준을 비교하고자 한다.

즉 빈곤 노인의 전반적인 우울수준이 어떠한지를 측정하고, 노인의 개인적 특성과 기능 수준에 따라 우울수준을 비교 분석해 보고자 한다.

둘째, 빈곤 노인의 우울에 영향을 미치는 요인을 판별하고자 한다.

즉 빈곤 노인의 인구사회학적 특성, 경제적 요인, 신체적 건강요인, 여가활동 요인, 사회적 지지요인 중에서 우울에 의미 있는 영향을 미치는 변인을 판별하고 각 요인의 상대적 영향력을 분석하고자 한다.

셋째, 이상의 연구 결과를 바탕으로 하여 빈곤 노인의 우울을 예방 또한 경감할 수 있는 프로그램 개발과 정책 수립을 위한 방안을 제시하고자 한다.

3. 연구의 한계

　본 연구는 우울에 미치는 영향을 조사하여 빈곤 노인의 우울을 예방 및 경감을 위한 프로그램과 정책 방안을 제시한다는 점에서 연구의 의의가 있으나 다음과 같은 한계가 있다.

　첫째, 본 연구는 경기지역의 종합사회복지관 또는 노인복지회관에서 각종 재가복지서비스를 이용하고 있는 기초생활수급권 노인과 차상위계층의 빈곤 노인을 대상으로 조사하였으므로 연구 결과를 다른 서비스를 이용하는 노인, 위 두 기관을 이용하지 않는 노인에게까지 일반화하는 데는 제한점이 있다.

　둘째, 본 연구의 조사대상 선정은 경기지역에서 임의 추출하였으므로 모든 지역의 노인을 대상으로 일반화하는 데 제한이 있다.

II

이론적 배경

1. 빈곤의 개념

전통적 빈곤의 개념은 개인과 가족의 1차적 욕구를 제대로 해결하지 못한 상태를 의미하였으나 빈곤의 현대적 개념은 경제적 개념을 넘어서 교육, 건강, 불평등의 사회적 조건 또는 자원의 결핍 상태를 의미하는 상대적인 빈곤의 개념이 주류를 이루고 있다. 또한 빈곤은 절대적 빈곤과 상대적 빈곤이라는 두 가지 개념을 가진다. '절대적 빈곤'의 개념은 최저 생활을 유지하는 데 필요한 소득이 부족한 상태라고 보고 객관적인 빈곤선을 설정하여 여기에 못 미치는 개인이나 가구를 빈곤층이라고 간주하는 것이다. 이와 달리 인간 상호간의 주관적, 객관적인 생활 상태의 비교에서 비롯된 것으로 사회의 소득분배 구조에서 일정한 수준 이하를 차지하고 있는 개인이나 가구를 빈곤층으로 파악하는 '상대적 빈곤'의 개념이 있다(김영모, 1990).

경제성장의 결과 절대적 빈곤이 많이 해소되었다고 하지만 특수계층의 빈곤 문제는 과거보다 더욱 심각한 문제로 대두되고 있다. 이는 지금까지의 빈곤 문제에 대한 논의가 물질적 자원의 결핍, 사회적 가치의 상대적 결핍 등을 강조하거나 노인경로 정책적인 관점에서 절대적 빈곤에 치중해 왔음을 알 수 있다(고영복, 1993). 특히 현재 노인들 중 노후대책을 마련해 놓은 사람은 30%에도 미치지 못한 것으로 나타나

(통계청, 2004), 빈곤 노인의 문제의 심화는 이미 예견된 것으로 보인다.

노인에 대한 소득보장은 노인의 빈곤에 대한 사회적 차원의 대책으로 국가가 노인들이 빈곤에서 벗어날 수 있도록 최소한의 소득을 확보해 주는 대책이다. 그러나 국가가 주력하는 분야는 일반 노인 인구에 대한 소득보장이며 빈곤 노인의 소득보장 대책은 이차적인 것이 될 수밖에 없었다(안미경, 2005). 따라서 빈곤 노인들은 사회적으로 소외되고 타인과 사회에 대한 의존성이 높고, 보건의료 및 사회복지에 대한 미충족 욕구와 문제를 복합적으로 지니고 있으며, 삶의 질적 수준이 더욱 낮아질 가능성이 높다. 특히 빈곤, 신체건강, 주거와 관련된 문제뿐만 아니라 우울과 같은 정신건강 문제를 호소하는 빈곤 노인은 더욱 증가할 것으로 예측된다.

2. 노인 우울의 개념

노화란 성숙한 유기체의 제반 기능이 시간이 경과함에 따라 비가역적으로 소진해 가는 과정이며, 그로 인해 내외 환경으로부터의 스트레스에 대한 적응력이 저하되고 죽음의 가능성이 더 높아진다(대한노인정신의학회, 1998). 노인들은 주변 자극에 대한 정서적 반응성이 저하되어 감정이 둔화되고,

무감각하며 때로는 침울하게 보일 수 있다. 뿐만 아니라 노년기에는 신체적 쇠약과 질병, 은퇴로 인한 사회적, 경제적 능력의 약화, 배우자나 친구의 사망 등과 같은 상실 경험을 많이 하게 되어 우울이 나타날 가능성이 높으며(권석만, 민병배, 2000), 이러한 우울과 같은 정신건강 문제는 노인의 삶의 질을 결정하는 중요한 요소가 될 수 있다(이한주, 2002).

우울이란 정상적인 기분 변화에서 병적인 상태에 이르는 근심, 침울감, 무기력감 및 무가치감을 나타내는 상태를 말한다(Battle, 1978). 우울은 노년기의 가장 중요한 정신장애 중의 하나로 삶의 질을 크게 저하시키며(김병수 등, 2003) 만성적인 질병과 인지적 손상에 영향을 미치고, 고통과 가정파괴 및 장애의 원인이 되며 질병을 악화시키고 사망률을 높인다(Alexopoulos, 2005).

노년기의 우울을 유발하는 요인은 크게 외부적 환경 요인과 내부적 환경 요인의 두 가지로 구분할 수 있다. 신체적 질병, 은퇴, 사별, 경제적 문제 등의 외부적 환경 요인들로 인해 우울이 흔하게 나타날 수 있으며 내부적인 환경 요인으로는 신체와 건강에 대한 지나친 염려, 우울경향의 증가, 내향적이며 수동적 태도의 증가, 경직성의 증가, 조심성의 증가, 의존성의 증가를 들 수 있다(윤 진, 1983). 노인의 우울은 다른 연령층에 비해 유전적 소인이나 신체적 기능 감퇴보다는 사랑하는 사람의 죽음, 경제적 어려움, 독거환경, 건강악화, 가족 간의 갈등과 같은 개인의 사회적 기능 손상 정도, 사회문화적 요인에 의한 영향이 더 큰 것으로 나타났다(김도훈, 오병훈, 이후경, 유계준, 1997).

우울의 기본적인 증상은 불면증, 음주, 사고지연, 행동지연, 집중력 저하, 우유부단의 증상 그리고 기분 저하, 피로감, 안절부절, 자신감 저하, 생각의 혼란, 자살사고 등이다(김병수 등, 2003). 또한 노년기 우울의 기본적인 증상은 기운 저하, 흥미의 상실, 집중곤란, 식욕감퇴, 식욕항진, 불면증, 수면과다, 무가치감, 죽음과 자살에 대한 생각, 활동수준 저하, 말수 감소, 인지기능의 저하로 나타나며(권석만, 2004), 우울이라는 심리적 문제로 인해 2차적으로 치명적인 노인의 복지문제가 유발될 수 있다. 또한 노인의 우울은 젊은 사람들의 우울보다 수면장애가 더 많이 나타나며, 신체증상 호소와 초조감을 나타내는 경우가 많으며, 정신반응 운동지체와 체중감소, 주의집중력과 인지기능 저하를 호소하는 경우가 많다(권석만, 민병배, 2000).

3. 노년기 우울 유발요인에 관한 선행연구 고찰

노년기 우울에 관한 선행연구들을 종합해 보면, 노인의 우울에 영향을 미치는 요인은 인구사회학적 특성, 경제적 요인, 신체적 건강요인, 여가활동 요인, 사회적 지지요인으로 나눠진다. 이에 다음에서는 노년기 우울 유발요인에 관한 선행연구의 결과들을 각 요인별로 살펴보고자 한다.

1) 인구사회학적 특성

노인의 인구사회학적 특성이 우울에 미치는 영향을 살펴본 결과, 연령과 교육수준이 우울에 의미 있는 영향을 미치는 것으로 나타났다(허준수, 유수현, 2002). 많은 연구에서 교육수준이 낮은 집단일수록 우울이 높은 것으로 나타났다(김진순 등, 1999; 허준수, 유수현, 2002; 박봉길, 전석균, 2006; 김동배, 손의성, 2005; 신은영, 이인수, 2002). 아울러 연령이 많을수록 더 우울한 것으로 나타나(신은영, 이인수, 2002; 김동배, 손의성, 2005) 연령이 증가할수록 우울수준이 높아짐을 알 수 있다.

결혼상태에 따라서는 사별한 경우나 배우자가 없는 노인이 더 우울한 것으로 나타나(신경림, 김미영, 2001; 허준수, 유수현, 2002; 신은영, 이인수, 2002; 최영순, 2005), 사별과 같은 관계의 상실은 우울의 주요 유발요인임을 알 수 있다. 특히 사별한 여성, 사별한 나이가 젊을수록, 사별 기간이 길수록 우울의 위험이 높았다(김진세, 이현수, 정인과, 곽동일, 1998). 또한 최영순(2005)도 혼자 살고 있는 독거노인의 우울이 다른 노인에 비해 심각하다고 보고하였다.

성별에 따라서는 여성 노인이 더 우울한 것으로 나타났으며(김병하, 남철현, 1999; 김진순 등, 1999; 김동배, 손의성,

22

2005), 여성 노인이 남성 노인에 비해 신체기능 관련 우울이 높은 것으로 나타났다(박인옥 등, 1998; 신은영, 이인수, 2002; 강희숙, 김근조, 2000; 최영순, 2005). 이러한 결과는 여성 노인이 남성 노인에 비해 신체 증상이 많고 그로 인한 우울의 위험이 높음을 의미한다. 이렇듯 여성 노인의 우울이 높은 것은 가정에서의 역할, 신체적 질환의 경험, 결혼 문제와 관련된 불만족의 느낌과 여성 호르몬의 역할과 연관이 있다는 보고가 있다(류성훈, 이귀행, 오상우, 1990).

경제활동 참여 여부에 따라서는 직업이 없는 노인이 더 우울한 것으로 나타났으며(최영순, 2005; 신은영, 이인수, 2002), 이는 생활비를 본인이 해결하지 못하는 노인에게서 우울이 높다는 결과(최영순, 2005)와 관련이 있다. 이러한 결과를 고려할 때, 노인의 일자리 창출은 복지요인만이 아닌 보건의 문제와도 밀접함을 보여주며, 자신의 능력으로 생활의 유지가 가능함은 스스로에게 자긍심을 갖게 해주고 그에 따라 우울에서도 자유로워짐을 알 수 있다(최영순, 2005).

2) 경제적 요인

빈곤 노인과 일반 노인들을 비교한 연구에 의하면 빈곤 노인이 일반 노인들에 비해 우울이 매우 심각하다는 연구 결과(황미영, 1999)에서도 알 수 있듯이 노인의 우울에 경제적인 요소는 매우 중요하다. 다른 연구에서도 경제적 수준이 낮은 노인들이 더 우울한 것으로 보고되어(허준수, 유수현, 2002; 김병하, 남철현, 1999; 김미혜 등, 2000; 최영순, 2005) 노인의 경제적 요인은 우울에 강력한 영향을 주는 요인으로 확인되었다.

특히 주관적 경제수준과 월수입은 우울에 영향을 주는 주요 변수로 확인되었다(김동배, 손의성, 2005). 주관적으로 경험하는 경제적인 어려움은 특히 우울에 많은 영향을 미친다고 볼 수 있으며(Ross & Mirowsky, 2001), 국내 많은 연구에서도 경제적으로 어려움이 있다고 느낄수록 노인은 더 우울한 것으로 나타났다(김도환, 2001; 김병하, 남현철, 1999; 이영자, 김태현, 1999; 이수애, 이경미, 2002; 허준수, 유수현, 2002). 또한 자택에 사는 경우가 우울이 가장 낮았고(허준수, 유수현, 2002; 신은영, 이인수, 2002; 최영순, 2005) 임대주택에 사는 경우에 우울이 가장 높았다(허준수, 유수현, 2002).

3) 신체적 건강요인

노인이 현재 앓고 있는 만성질환이 많을수록 우울 증상이 높은 것으로 보고되고 있다(김미혜 등, 2000; 김동배, 손의성, 2005; 김진순 등, 1999; 박인옥 등, 1998). 실제로 정희연(2001)은 우울증을 가진 노인 중 고혈압, 신경통, 당뇨병, 위 십이지장 궤양 등의 신체질병을 가진 사람이 많다고 보고하였으며, 김진순(1999)과 김미혜 등(2000)의 연구에서도 노인의 만성질환의 수가 우울에 많은 영향을 주고 있는 것으로 나타났다. 또한 만성질환이 있는 노인들이 더 우울한 것으로 나타나(Levinson & Druss, 2005), 만성질환이 빈곤 노인의 우울에 미치는 영향을 조사할 필요가 있다. 만성질환뿐 아니라 주관적 건강도 우울에 중요한 영향을 미치는 것으로 나타났다(Miller, et al., 1995; 박봉길, 전석균, 2006). Pruchno 등 (1997)에 의하면 자신이 건강하다고 인식하는 노인은 가정일에 도움을 많이 주며 심리적 복지감이 증가되어 있는 것으로 나타났다.

Krause, Herzorg와 Baker(1992)는 노인 자신이 신체적 건강이 좋다고 인지할수록 타인을 돕거나 지지하는 정도가 높았으며, 이러한 노인의 경우 우울 증상이 적었다고 보고하였다. 또한 노인의 건강상태는 우울에 직접적인 영향을 주는 요인이며(박인옥 등, 1998; 강희숙, 2000; 이민숙, 2005), 주관적 건강, 생활사건, 자존감, 의사소통 중에 주관적 건강과 자존감이 한국 노인의 우울증을 예측하는 유의한 변수로 나타났다(박봉길, 전석균, 2006). 최영순(2005)의 연구에서도 노인이 지각하는 건강상태가 우울의 19.4%를 설명하는 가장 중요한 요인으로 확인되었으며, 유경자(2004)의 연구에서도 주관적 건강이 우울의 19.4%를 설명하는 것으로 나타났다. 신체적 건강상태가 좋지 못할수록 우울이 높은 것으로 나타났다(허준수, 유수현, 2002; 최영순, 2005). 건강한 노인과 질병이 있는 노인 모두 자신이 느끼는 건강이 좋지 못하다고 느낄 때 더 우울한 것으로 나타났다(박인옥 등, 1998; 김미혜 등, 2000). 한국 노인의 우울 관련 변인에 대한 메타분석 결과, 노인 스스로 평가하는 자신에 대한 건강은 노인의 우울에 중요한 영향을 미치는 요인(김동배, 손의성, 2005)으로 나타났다.

저소득 노인은 노화에 따른 신체적인 의존에 대한 두려움을 죽지 못해 사는 것으로 표현하며 우울해하는 것으로 나타났다(이한주, 2002). 실제로 만성질환이 있는 노인들은 운동제한과 경증장애의 비율이 만성질환이 없는 노인에 비해 높은 양상을 보이는 것으로 나타난 것은(전경자, 조윤미, 2001) 노인에게 기능장애가 흔히 나타날 수 있음을 보여주고 있는 것이다. 입원한 노인을 대상으로 조사한 결과 기본적 일상생활의 독립성이 높을수록 삶의 질이 높은 것으로 나타났다(이금재, 2006). 노인의 신체적 건강지표로 사용될 수 있는 일상생활 수행능력은 우울 정도와 관련이 많은 것으로 나타났는데, 일상생활 수행능력이 낮을수록 더 우울한 것으로 나타났다(김병하, 남철현, 1999; 이수애, 이경미, 2002; 김미혜 등, 2000; 허준수, 유수현, 2002). 신체적 건강상태, 정신적 건강상태, ADL, IADL 등이 우울에 영향을 미치는 정도를 조사한 결과 기능적 능력인 ADL이 우울에 중요한 영향을 미치는 것으로 나타나(허준수, 유수현, 2002; 이수애, 이경미, 2002) ADL이 건강지표로 노인의 우울 정도에 영향을 미치고 있음을 알 수 있다. 그러나 노인의 우울 정도와 일상생활 수행능력은 상관이 없었다는 보고도 있어(서순림 등, 1998; 강희숙, 2000) 이에 대한 심층 연구가 더 필요할 것이다. 노인이 건강한 생활을 영위하고 사회적으로 잘 적응하기 위해서는 도구적 일상생활 수행능력은 기본이 된다는 것이며(김숙영, 원종순, 1999), 아울러 도구적 일상생활 수행능력이 높을수록 우울수준이 낮은 것으로 나타났다(강희숙, 김근조, 2000; 이수애, 이경미, 2002; 허준수, 유수현, 2002; 김동배, 손의성, 2005). 또한 입원한 노인을 대상으로 조사한 결과 도구적 일상생활의 독립성이 높을수록 삶의 질이 높은 것으로 나타났으며(이금재, 2006), 연령이 높을수록 도구적 일상생활 수행능력의 독립성이 감소하며(조유향, 1988; 권창희 등, 1996; 임영규, 2004), 영양상태가 좋지 않을수록, 인지기능이 낮을수록 삶의 질이 낮은 것으로 나타났다(임영규, 2004).

4) 여가활동 요인

우울과 여가활동에 관한 연구는 국내에서 그리 활발하게 이루어지지 못하고 있는 실정이며, 우울과 생활 만족도와 상당한 관련이 있음을 고려할 때(허준수, 유수현, 2002) 여가활동과 생활 만족도에 관한 연구도 문헌 고찰에 큰 의미가 있을 것으로 보인다.

이인수(2001)는 노인의 여가활동은 인간으로서 평등하고 당당하며 가치 있는 삶과 성장을 추구할 권리와 노인의 우울을 해결하는 수단으로 의료보장의 한 영역이 될 수 있다고 제시하여 그 의미가 더욱 커질 것으로 보인다. 소득보장 제도나 사회보장 제도가 미흡한 우리나라의 경우는 경제적인 요인이 여가활동을 제한하는 가장 큰 요인으로 나타나(유영주, 김순기, 2000) 빈곤층 노인의 여가활동에 대한 관심이 필요하다.

김도훈 등(1997)에 의하면 여가활동 참여수준이 높은 노인 집단이 여가활동이 낮은 노인 집단에 비해 우울 경향성이 낮고 생활 만족도가 높게 나타났다. 허준수와 유수현(2002)의 연구에서도 노인의 여가활동이 많을수록 우울이 낮은 것으로 나타났다. 여가활동의 긍정적인 영향은 노인의 삶의 만족도에 미치는 영향에서도 알 수 있는데, 홍성희(1998)의 연구에서는 건강상태, 총자산, 가족관계 만족도, 자존감, 내외통제성, 여가활동 참여도와 만족도가 노인의 생활만족에 영향을 주는 요인으로 확인되었으며 이 중에서도 여가활동 만족도와 여가활동 참여도는 노인의 건강상태와 함께 노인의 생활만족에 영향을 미치는 가장 영향력 있는 변수로 나타났다. 다른 연구에서도 노인의 여가활동 만족도는 삶의 만족도에 영향을 주는 것으로 나타나(홍성희, 1998; 김성연, 박미석, 2000) 노인의 여가활동 만족도는 노후의 안녕감을 보장할 수 있는 중요한 변인임을 알 수 있다. 여가활동에 대한 만족도는 여가태도와 비슷한 개념으로 보았을 때, 소일 활동을 제외한 가정지향 활동, 자기개발 활동, 사교 및 종교 활동의 경우 긍정적인 여가태도를 가질수록 여가활동 참여를 많이 하는 것으로 나타나며, 여가에 대한 긍정적인 태도는 여가활동을 지속하게 만들며(이정우 등, 1997) 결국 노인의 우울에 부적인 영향을 미치는 것으로 보인다.

노년기의 다양한 여가활동의 참여로 여가활동으로부터의 만족감을 느끼고, 이러한 만족감은 여가활동을 지속, 발전시킬 수 있으며, 계속적인 사회적 상호작용을 유도하여 노인의 우울을 감소시킬 수 있을 것으로 보인다.

5) 사회적 지지요인

빈곤층 노인을 포함한 한국의 노인들은 배우자와 자녀로 구성되는 가족 중심적인 사회적 관계망을 갖고 있으나 가족 중심적 지원망과 외부에 광범위하게 친척이나 친구 등을 중심으로 하는 지원망이 형성되고 있다(성규탁, 1990; 황미영, 1999). 노인의 동거형태는 심리적 변수에 비해 우울과 낮은 상관이 있었다(김동배, 손의성, 2005). 경로당과 보건소를 방문한 노인을 대상으로 한 연구 결과 우울증이 있는 경우가 확대가족은 57.1%, 핵가족이나 혼자 거주하는 노인에게는 26.5%로 통계적으로 차이가 나타났으며, 또 다른 연구에서는 확대가족에 거주하는 노인이 핵가족에 거주하는 노인과 독거노인보다 우울증이 더 높은 것으로 보고됐다(김진순, 손태용, 금란, 홍금덕, 1999).

김병하와 남철현(1999)은 60세 이상의 유배우자 노인들은 가족으로부터 대우받지 못하고 있다고 느끼는 경우에 더 우울하게 느끼고 있다고 보고하였다. 실제로 가족지지가 낮을수록 노인은 더 우울한 것으로 나타났다(김도환, 2001; 김병하, 남철현, 1998). 60세 이상의 남성 노인의 경우 자녀와의 주관적 결속이 낮을수록 우울한 것으로 나타났으며(김흥기 등, 1991; 신효식, 서병숙, 1994) 특별한 행사나 오락, 일상 시의 접촉이나 신체적, 경제적 도움과 같은 객관적 결속보다는 상호신뢰, 이해, 존중, 사랑, 친밀감, 의사소통 등의 애정적 결속이나 일차적 결속을 포함하는 주관적인 결속이 우울에 더 큰 영향을 주는 것으로 나타났다(신효식, 서병숙, 1994).

노인의 가족기능은 한국 노인의 우울에 영향을 주는 주요 변수로 확인되었다(김동배, 손의성, 2005). 우울증이 있는 노인들의 경우 자녀들과의 문제(걱정이나 갈등)를 갖고 있는 경우가 18.4%나 되었으며 이는 한국의 가족 중심적인 사회구조에서 서구 문명의 유입과 경제발전으로 개인 중심적인 사회구조로 급격하게 변화되는 세대 간의 갈등의 결과로(박인옥 등, 1998) 보는 견해도 있다.

가족지지는 우울 외에도 노인의 삶의 질이나 외로움에도 영향을 주는 것으로 나타났는데, 입원한 노인을 대상으로 한 연구에서 가족지지가 높을수록 삶의 질이 높은 것으로 나타나(이금재, 2006) 가족지지가 노인의 삶의 질에 중요한 영향을 미치고 있음을 알 수 있다. 노인들은 가족기능이 낮을수록 외로움을 더 많이 느끼고 있는 것으로 나타났으며(김옥수, 백성희, 2003), 김영범과 박준식(2004)의 연구에서도 가족관계에서 고립되는 경우보다는 배우자나 자녀와 관계를 맺는 쪽이 노인 삶의 만족에 긍정적 영향을 주었으며 윤종희와 이혜경(1997)의 연구에서도 자녀와의 유대관계가 좋을수록 생활 만족도가 높은 것으로 나타났다. 또한 노인의 주관적 안녕감에 영향을 미치는 주요 변수로 개인의 자존감은 다른 부정적 변수를 매개로 하여 안녕감에 영향을 주는 것으로 확인되어(공수자, 한규석, 이은희, 2004), 노인의 가족기능은 우울, 생활만족, 안녕감 등의 심리적인 측면에 많은 영향을 주고 있음을 알 수 있다.

사회적 지지는 건강뿐만 아니라 신체적 질병에 대응하고 있는 사람들에게 스트레스의 부정적인 영향을 완화시키는 가장 강력한 주요 요인으로 심리적 적응을 증가시키고 우울증으로의 전이를 방지하거나 우울의 정도를 낮추는 효과를 갖는다(이영자, 김태현, 1999; 김미혜 등, 2000; 이민숙, 2005).

실제로 서울시내 거주 노인을 대상으로 우울증에 대한 경로분석을 실시한 결과 사회적 지지가 우울에 영향을 미치는 것으로 나타났다(김미혜, 이금룡, 정순둘, 2000). 따라서 사회적 지지는 스트레스 요인에 대한 문제해결을 도와주거나 정서적 안정을 제공함으로써 정신건강을 높일 수 있다고 강조하고 있다(김미혜, 이금룡, 정순둘, 2000; Krause& Liang, 1992). 이와 같이 많은 연구들에서 사회적 지지가 노인의 우

울에 대한 영향을 완충시켜 주는 효과가 있다고 제시하였다
(유수정 등, 2002; 이익섭, 김서원, 2005).

노인의 사회적 지지는 성별, 나이, 교육수준, 결혼 여부, 동
거형태, 주관적 경제상태, 경제적 만족도, 여가활동 참여, 사
별 경험 등의 변수 중에 우울에 영향을 주는 가장 강력한 변
수로 확인되었다(Gazmararian 등, 2000; 이민숙, 2005). 또한
김동배와 손의성(2005)의 메타 분석 결과에서도 노인의 사회
적 지지는 우울 정도와 관련하여 중간 정도의 상관관계를 갖
는 주요 변수로 확인되었다. 사회적 지지가 높을수록 노인의
우울은 낮았으며(김미혜 등, 2000; 허준수, 유수현, 2002), 최
순희(1995)의 연구에서도 사회적 지지를 받는 수준이 높다고
보고한 사람들이 그렇지 않은 사람들보다 우울점수가 낮은
것으로 나타났다. 한편 다른 연구에서는 저소득 독거 여성
노인은 삶이 한스럽고 힘이 드나 동향끼리 챙겨 주며 견뎌
내고 있는 것으로 나타났다(양승애, 2002).

박선영(1998)의 연구에 의하면 저소득층 노인의 가족지지
와 의미 있는 타인의 지지가 노인의 생활 만족도에 정적인 영
향을 미치는 것으로 나타났으며, 지지원천에 따른 유형에 있
어서 가족의 정서적 지지와 의미 있는 타인의 도구적 지지가
영향을 미치는 것으로 나타났다.

우울에 영향을 주는 사회적 요소로 지각된 사회적 지지,
사회적 연계망 및 사회적 접촉이 조사되었다(김인자 등,
1999). 사회적 지지 중에 공적 지지망의 크기는 우울에 유의

한 차이를 보이지 않는 것으로 나타났으나 사적 지지망의 크기는 유의한 차이를 보이는 것으로 나타났다(최해경, 2002). 노인의 사회적 지지망의 크기, 사회적 지지에 대한 만족감은 노인의 우울 정도와 부적 상관관계가 있는 것으로 나타났으며, 사회적 지지에 대한 지지망의 크기보다는 노인의 만족 정도가 노인의 외로움에 영향을 주는 것으로 밝혀졌다(김옥수, 백성희, 2003). 사회적 지지와 노인의 자살 생각은 부적인 상관관계를 나타냈고, 사회적 지지가 약하다고 느끼는 노인이 자살 생각을 하는 것으로 나타났다. 사회적 지지와 우울과의 관계는 부적인 상관관계를 나타내며 사회적 지지가 없다고 느끼는 노인이 심각한 우울에 빠지게 되는 것을 증명하였다.

우울은 자살 생각과 정적인 상관관계이고, 우울 정도가 심한 노인일수록 자살 생각을 많이 한다는 것으로 확인되었으며, 사회적 지지는 노인 자살에 대하여 우울을 매개로 간접적인 영향을 미치는 것으로 확인되었다(이민숙, 2005). 또한 저소득 노인을 대상으로 하는 이익섭과 김서원(2005)의 연구에 의하면 사회적 지지에서 정서적 지원보다는 도구적 지원이 부정적일수록 우울이 높아지는 것으로 나타났다. 그러나 저소득층 노인의 비공식적인 사회적 지지망의 크기는 일반 노인에 비해 2배 정도 작은 것으로 나타나(황미영, 1999) 복지서비스와 관련된 공식적인 사회적지지망을 넓혀야 할 것이다.

빈곤 노인은 우울을 유발할 수 있는 위험요소들을 많이 갖고 있으며 경제활동에 참여하지 않으면서 사회적으로 소외된 노인들은 타인과 사회에 대한 의존성이 높고, 보건 의료 및 사회복지에 대한 미충족 욕구가 더 많은 것으로 조사되었다 (권중돈, 조주연, 2000).

빈곤 노인의 경우 관계하는 대상자들의 숫자가 많아질수록 정서적 서비스, 주민교육서비스, 가정봉사원 파견, 주간보호 서비스, 단기보호서비스에 대해 불필요하다고 생각하며, 이는 사회적 관계망의 크기를 확대해 줌으로써 제공하지 못했던 서비스에 대한 욕구를 해소시켜 줄 수 있음을 나타낸다. 이 중에서도 복지기관 관련자와 같은 전문적인 관계망의 지원도 우선적이어야 한다(고영진, 2003).

이한주(2002)는 빈곤 노인의 우울 영향에 관한 질적 연구에서 가족이 사망하거나 가출함으로 인해, 지지체계의 부재에 대한 불안감이 삶을 비관적으로 바라보게 하는 것으로 나타났으며, 어려움을 이겨내는 힘은 타인의 우호적인 도움에 대한 만족감에 바탕을 두고 만들어진다고 보고하였다.

Ⅲ

연구방법

1. 연구개념의 조작적 정의

본 연구의 주요 연구개념을 조작적으로 정의하면 다음과 같다.

① **빈곤 노인:** 국민기초생활보장법 제6조 제2항에 의거하여 최저 생계비에 따라 생계급여를 받고 있거나 최저생계비의 130% 미만의 집단인 차상위계층으로 분류되는 65세 이상 노인을 의미한다.

② **우울:** 정상적인 기분변화에서 병적인 상태에 이르는 근심, 침울감, 무기력감 및 무가치감을 나타내는 상태로 (Battle, 1978) 단축형 우울척도(Short Form Geriatric Depression Scale 이하 SGDS)로 측정한 값이 클수록 우울 정도가 심하다는 것을 의미한다.

③ **주관적 건강:** 자신의 건강에 대한 주관적인 평가로(Ware & Shouboune, 1992) Speake, Cowart와 Pellet(1989)이 개발한 도구를 사용하여 측정한 점수로 점수가 높을수록 자신의 건강이 좋다고 느끼는 것을 의미한다.

④ **일상생활 수행능력:** 개인이 독립적으로 생활하는 데 필수적으로 요구되는 활동을 할 수 있는 능력(노유자, 김춘길, 1995)으로 신체적 기능정도 능력은 Katz(1963)가 장애 노인을 대상으로 개발한 일상생활 수행능력 척도로 측정한 점수와 Lawton과 Bordy(1969)가 개발한 도구적 일

상생활 수행능력(IADL, Instrumental Activities of Daily Living) 도구를 활용하여 측정한 점수로 점수가 높을수록 일상생활 수행능력이 높음을 의미한다.

⑤ **여가활동 참여도:** 노인이 일차적으로 자신을 위하여 흥미를 갖고, 자유 시간에 행해진 활동 일체이며(나항진, 2004). 본 연구에서 여가활동은 전용옥(2004)이 개발한 여가활동 참여 도구로 측정한 값으로 점수가 높을수록 여가활동 참여가 많은 것을 의미한다.

⑥ **여가활동 만족도:** 개인의 여가활동에 대한 전반적인 만족을 의미하는 것으로, 이두희, 박미석(1998)이 개발한 여가활동 만족도 측정도구를 사용하여 측정한 값이 클수록 여가활동 만족도가 높음을 의미한다.

⑦ **가족기능:** 가족이 하나의 지지체계로서 가족 구성원들 간에 관계상의 양상인 소외, 친밀도, 역할, 사회성, 권위, 갈등의 결과를 초래하는 것이다(최지호, 2000). 본 연구에서 가족기능이란 최지호(2000)가 개발한 한국형 가족기능 평가 도구를 사용한 값으로 점수가 높을수록 가족기능이 높음을 의미한다.

⑧ **가족지지:** 가족 구성원들 간의 관계로 상호 지지를 말하는 것으로(최지호, 2000) 한국형 가족기능 평가 도구의 하부개념인 가족지지 척도를 사용한 값으로 점수가 높을수록 가족지지를 많이 받고 있음을 의미한다.

⑨ **사회적 지지:** 개인이 필요할 때 도움이나 감정이입을 제

공받을 수 있다고 지각하는 믿음과 유용한 지지에 대한 개인의 만족으로(Sarason & Sarason 1985), Vaux 등 (1987)이 개발한 Social Support Behaviors Scale(SSB) 을 이익섭과 김서원(2005)이 한국 노인에게 타당하도록 수정한 도구에서 가족의 지지를 제거한 후 측정한 값을 의미하며 점수가 높을수록 사회적 지지를 많이 받고 있음을 의미한다.

2. 연구모형

본 연구에서는 재가복지서비스를 이용하는 빈곤 노인의 인구사회학적 특성, 경제적 요인, 신체적 건강요인, 여가활동 요인, 사회적 지지요인과 우울과의 인과관계를 분석하고 우울예방 및 대책 등을 제시하는 데 목적이 있으므로, 연구모형은 [그림 3-1]에서 보는 바와 같다.

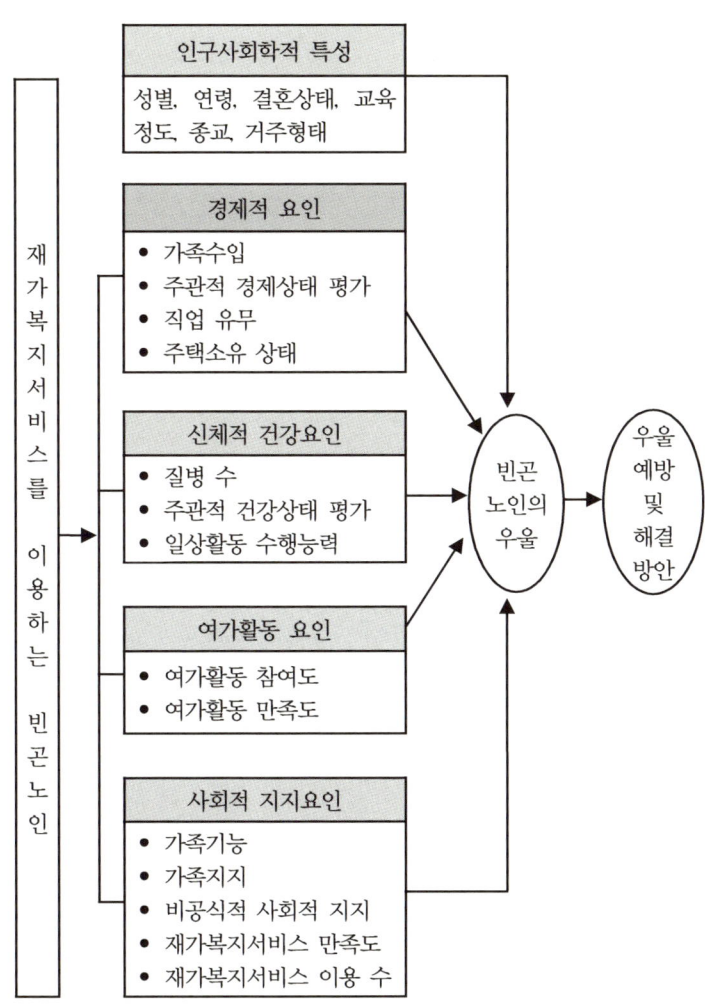

[그림 3-1] 연구의 모형

3. 연구가설

본 연구에서는 빈곤 노인의 특성과 기능, 그리고 사회적 지지요인에 따라 우울수준에 어떠한 차이가 있는지를 검증하기 위해 다음과 같은 연구가설을 설정하였다.

1) 빈곤 노인의 인구사회학적 특성에 따라 우울수준에 차이가 있을 것이다.
2) 빈곤 노인의 경제 및 주택 관련 특성에 따라 우울수준에 차이가 있을 것이다.
3) 빈곤 노인의 신체적 건강요인에 따라 우울수준에 차이가 있을 것이다.
4) 빈곤 노인의 여가활동 요인에 따라 우울수준에 차이가 있을 것이다.
5) 빈곤 노인의 사회적 지지요인에 따라 우울수준에 차이가 있을 것이다.

4. 조사대상 및 표본추출

본 연구대상은 경기지역 종합사회복지관 20개소, 노인복지회관 10개소에서 주간보호서비스, 밑반찬배달서비스, 가정봉사원 파견서비스 등의 각종 재가복지서비스를 이용하고 있는

65세 이상 빈곤 노인이다. 이 경우 빈곤 노인은 보건복지부
가 정한 국민기초생활보장제도에 근거하여 국민기초생활수급
권자로 지정된 노인과 차상위계층에 속하는 노인으로 제한하
였다. 조사대상의 표본추출 방법은 경기도 관내 20개 종합사
회복지관과 10개 노인복지회관에서 가정봉사원 파견서비스
등의 재가복지서비스를 이용하고 있는 빈곤 노인을 대상으로
종합사회복지관에서는 각 15명, 노인복지회관은 각 10명씩
임의 표집하였다.

5. 조사도구

1) 우 울

노인의 우울을 측정하기 위해 15문항으로 구성된 단축형 우
울척도(Short Form Geriatric Depression Scale 이하 SGDS)를
이용하였다. 단축형 우울척도는 원형 우울척도의 타당도 연구
에서 가장 우울과 상관관계가 높은 것으로 나타난 15문항을
선택하여 만들었다(Sheikh & Yesavage, 1985). 본 연구에서
는 조맹제 등(1999)이 번역하여 타당도와 신뢰도가 입증된 한
국판 SGDS를 사용하였다.

이 척도는 노인의 우울증에 대한 검사가 용이하고 많은 시

간이 소요되지 않으며 타당도가 높은 것으로 나타났다. 질문에 대해 예는 1점, 아니오는 0점을 부여하였으며 총 15개의 문항 중 5개 문항(1, 5, 7, 11, 13문항)은 역환산하였다.

총 우울점수는 0-15점으로 우울증을 판별하는 절단점은 6점이다. 본 연구에서의 Cronbach's α는 .76이다.

2) 주관적 건강평가

Speake, Cowart와 Pellet(1989)이 개발하였으며 3문항의 5점 척도로서 '매우 나쁨'(1점)에서 '매우 좋음'(5점)으로 평가하여 평가점수가 높을수록 지각하는 건강상태가 양호하다는 것을 의미한다. 본 연구에서의 Cronbach's α는 .83으로 나타났다.

3) 일상생활 수행능력

Katz(1963)가 노인을 대상으로 개발하였으며 ADL(Activities of Daily Living)은 신체적 자립 수준을 신체적 동작만의 것으로 측정하도록 하였으며, 일상생활에 필요한 기본적인 능력에 대한 질문으로 목욕하기, 옷 입기, 화장실 사용하기, 거동하기, 대소변 가리기, 식사하기의 6문항으로 구성되어 있다. 각 문항은 '혼자서 할 수 있다'는 3점 '많은 도움이 필요하다'는 1점을 부여하였으며 3점 척도로 이루어졌다. 측정된 점수가 높을수록 일상생활 수행능력이 높음을 의미한다. 본 연구에서의 Cronbach's α는 .90이었다.

4) 도구적 일상생활 수행능력

Lawton과 Bordy(1969)가 개발한 IADL(Instrumental Activities of Daily Living)은 전화사용하기, 혼자서 외출하거나 여행하기, 시장보기, 요리하기, 집안일하기, 바느질과 뜨개질 등의 수공일하기, 세탁하기, 투약하기, 금전관리하기의 9항목으로 이루어져 있다. 각 문항은 '혼자서 할 수 있다'(3점)에서 '많은 도움이 필요하다'(1점)까지 3점 척도로 이루어졌다. 측정된 점수가 높을수록 도구적 일상생활 수행능력이 높음을 나타낸다. 본 연구에서의 Cronbach's α는 .87이었다.

5) 여가활동 참여도

전용옥(2004)이 다가하시몬지(高橋絞士)의 이론적 틀을 참고하여 개발한 여가활동 참여 도구를 사용하였으며, 여가활동은 단독충실형 5문항, 가족충실형 3문항, 우인교류형 3문항, 독서형 2문항, 사회참여형 4문항으로 구성되어 있고, 각 문항에 1-5점의 점수를 부여한다. 거의 매일은 5점, 주 2회 이상은 4점, 월 3-4회는 3점, 월 1-2회는 2점, 거의 참여하지 않는 경우는 1점을 부여하였다. 본 연구에서 Cronbach's α는 .70으로 나타났다.

6) 여가활동 만족도

이두희와 박미석(1998)이 개발한 여가만족 도구를 사용하였다. 여가활동 만족 도구는 총 11문항으로 구성되었으며, 각 문항은 '그렇지 않다'는 1점, '그렇다'는 5점을 부여하였다. 측정된 점수가 높을수록 여가활동 만족도가 높음을 의미한다. 본 연구에서의 Cronbach's α는 .95로 나타났다.

7) 가족기능

최지호(2000)가 개발한 한국형 가족기능 평가 도구를 사용하였다. 가족기능을 측정하기 위한 하위척도는 소외, 친밀도, 역할, 사회성, 권위, 갈등 등 6가지 요인으로 구성되어 있으며 소외 12문항, 친밀도 4문항, 역할 4문항, 사회성 2문항, 권위 2문항, 갈등 3문항 등 총 27문항으로 구성되어 있고 5점 척도이다. 측정된 점수가 높을수록 가족기능이 높은 것을 의미하며 개발 당시 신뢰도는 Cronbach's α .94였으며 본 연구에서의 Cronbach's α는 .70이었다.

8) 가족지지

가족지지를 측정하기 위해 최지호(2000)가 개발한 한국형 가족기능 평가 도구의 하위척도 중 가족지지에 관한 14문항을 사용하였으며 5점 척도로 이루어졌다. 측정된 점수가 높을수록 가족지지가 높은 것을 의미하며 개발 당시 신뢰도는 Cronbach's α .91이였으며 본 연구에서의 Cronbach's α는 .78이였다.

9) 사회적 지지

사회적 지지 척도는 Vaux 등(1987)이 개발한 Social Support Behaviors Scale(SSB)를 이익섭과 김서원(2005)이 한국의 노인에게 타당하도록 수정한 도구를 사용하였다. 정서적 지원 8문항, 도구적 지원은 9문항 등 총 17문항으로 이루어져 있다. 본 연구에서는 친구와 가까운 사람(기관)을 조사하였다. '아무도 없다'는 1점, '대부분의 친구들은 확실히 해줄 것이다'는 5점을 주는 Likert 5점 척도로서 최소 17점에서 85점의 범위를 갖는다. 본 연구에서 Cronbach's α는 .97로 나타났다.

6. 자료수집

본 연구의 자료 수집은 2006년 8월에서 9월까지 약 2개월 간 실시하였으며, 대상 노인들에게 본 연구의 목적을 설명한 후 사전 동의를 얻은 노인들을 대상으로 조사원이 1:1 면접을 통해 설문지를 이용하여 수집하였다. 조사원은 노인의 신체적, 심리적 특징에 대한 폭넓은 이해를 바탕으로 노인과의 면담에 익숙한 조사원으로 선정하였으며, 해당 복지기관의 노인복지담당 사회복지사는 본 연구의 목적과 계획 및 설문 조사방법에 대한 교육을 받았다.

조사대상자 및 자료 수집 결과는 〈표 3-1〉에서 보는 바와 같다.

〈표 3-1〉 조사대상자 및 자료 수집 결과

(단위: %)

조사대상기관	기관 수	표본 수		조사완료	
		N	%	N	%
종합사회복지관	20	200	57.1	191	95.5
노인복지회관	10	150	42.9	135	90.0
계	30	350	100.0	326	93.1

연구 참여에 동의한 빈곤 노인들 중 복지관 내로 내방한 빈곤 노인들은 서비스 이용 전이나 후에 가능한 시간을 선택

하여 조사원의 질문에 응답하도록 하였다. 재가복지서비스 중 가정에 방문하여 서비스를 제공하는 경우에는 방문 전에 전화로 연구 참여와 조사원과의 동행에 대한 동의를 얻은 후 담당사회복지사와 조사원이 함께 빈곤 노인의 가정에 방문을 하였다. 방문 재가복지서비스가 끝난 후 노인이 정한 응답 가능한 시간에 조사원이 설문지를 이용하여 응답하도록 하게 하였다. 2개월간의 자료 수집 결과 326명의 빈곤 노인이 연구대상자로 선정되었다.

7. 분석방법

수집된 자료는 SPSS 11.0 WIN을 이용하여 분석하였으며 유의수준은 .05를 기준으로 하였다. 빈곤 노인의 우울, 일반적 특성, 경제적 요인, 신체적 건강요인, 여가활동 요인, 사회적 지지요인에 해당하는 각 변수는 기술통계와 교차분석을 실시 하였으며 독립변수 간의 다중공선성의 문제를 확인하기 위해 피어슨 적률상관계수를 실시하였다. 빈곤 노인의 우울수준 비교분석을 위하여 독립표본 t 검정, 일원분산분석을 이용하 였으며, 빈곤 노인의 우울에 미치는 영향 정도를 파악하기 위해 위계적 다중회귀분석을 실시하였다.

IV

조사결과

1. 빈곤 노인의 인구사회학적 특성

본 연구대상인 빈곤 노인 326명의 인구사회학적 특성에 따른 조사결과는 〈표 4-1〉에서 보는 바와 같다. 국민기초생활보장제도의 수급권자는 전체 노인의 68.7%가 수급권자였으며 31.3%는 차상위계층 노인이었다. 조사대상 빈곤 노인 중에서 여성 노인이 78.2%로 남성 노인에 비해 비율이 높았다. 수급권자 중에서는 남성 노인이 15.2%였으나 차상위계층의 남성 노인은 36.3%로 수급권자와 대비하면 남성 노인의 비율이 높았다(χ^2=18.309, p<.000).

연령은 70-79세가 44.2%로 70대 노인이 가장 높은 비율을 차지하였다. 전체 노인의 평균 나이는 76.57세로 최소 나이는 65세, 최고 나이는 94세인 것으로 나타났다. 또한 80세 이상의 고령 노인의 비율은 수급권자가 41.1%, 차상위계층에서는 28.4%로 수급권자 중에서 그 비율이 높았다(χ^2=18.605, p<.000). 결혼상태는 사별이 67.5%로 가장 많았으며, 수급권자의 83.0%는 현재 배우자가 없는 상태이나 차상위계층은 54.9%인 것으로 나타나 수급권 노인이 배우자가 없는 비율이 더 높았다(χ^2=29.000, p<.000).

교육수준을 살펴보면, 무학이 52.8%로 가장 많았는데 차상위계층(45.1%)에 비해 수급권자(56.3%)가 무학의 비율이 높았으며 중졸 이상은 차상위계층이 더 많았다(χ^2=13.708, p<.000).

종교는 개신교와 천주교가 가장 많이 59.2%를 차지하였으며 수급권자가 개신교와 천주교를 더 많이 믿고 있으며, 불교나 기타 종교는 차상위계층에게서 더 많았다(χ^2=6.022, p<.05).

<표 4-1> 조사대상 빈곤 노인의 인구사회학적 특성

(단위: %)

변 인	범 주	전 체	수급권자	차상위계층	비 고
성 별	남자	21.8	15.2	36.3	χ^2=18.309 df=1 p=.000
	여자	78.2	84.8	63.7	
연 령	65-69세	18.7	12.5	32.4	χ^2=18.605 df=2 p=.000
	70-79세	44.2	46.4	39.2	
	80세 이상	37.1	41.1	28.4	
결 혼 상 태	유배우	25.8	17.0	45.1	χ^2=29.002 df=1 p=.000
	무배우	74.2	83.0	54.9	
교 육 수 준	무학	52.8	56.3	45.1	χ^2=13.708 df=2 p=.035
	초등학교 졸	29.4	31.3	25.5	
	중졸 이상	17.8	12.5	29.4	
종 교	기독교 및 천주교	59.2	61.6	53.9	χ^2=6.022 df=2 p=.02
	불교 및 기타	17.8	14.3	25.5	
	무교	23.0	24.1	20.6	
계 (명)		100.0 (326)	68.7 (224)	31.3 (102)	

2. 빈곤 노인의 경제 및 주택 관련 특성

본 연구의 조사대상인 빈곤 노인의 경제적 요인을 살펴본 결과는 〈표 4-2〉에서 보는 바와 같다. 월 가족수입은 평균 52.59만 원으로 낮은 편이었다. 월수입이 30만 원 미만인 노인은 전체 노인의 24.8%이었으며 30-49만 원인 노인은 44.2%, 50만 원 이상인 노인은 31.0%이었다. 수급 여부에 따른 비교 결과, 수급권자는 50만 원 이상의 수입을 갖고 있는 노인이 17.4%였으며, 차상위계층에서는 60.8%인 것으로 차상위계층의 월수입이 더 많은 것으로 나타났다($\chi2$=71.743, p<.001).

〈표 4-2〉 빈곤 노인의 경제 및 주택 관련 특성

(단위 : %)

변 인		전체	수급권자	차상위계층	비 고
월가족 수입	30만 원 미만	24.8	25.0	24.5	χ^2=71.743 df=2 p=.000
	30-50만 원 미만	44.2	57.6	14.7	
	50만 원 이상	31.0	17.4	60.8	
주관적 경제상태 평가	부족한 편	67.8	76.4	49.0	χ^2=26.225 df=2 p=.000
	보통인 편	30.7	23.2	47.1	
	충분한 편	1.5	0.4	3.9	
주된 수입원	정부 및 복지관	65.6	91.0	9.8	χ^2=216.940 df=2 p=.000
	가족지원	26.1	3.6	75.5	
	근로수입 및 기타	8.3	5.4	14.7	

변 인		전체	수급권자	차상위계층	비 고
직업 유무	없음	74.2	75.4	71.6	$\chi^2=.551$ df=1 p=.095
	있음	25.8	24.6	28.4	
주택 소유상태	전, 월세	82.8	86.2	75.5	$\chi^2=5.609$ df=1 p=.035
	자가	17.2	13.8	24.5	
거주 형태	독거	47.5	58.9	22.5	$\chi^2=50.813$ df=3 p=.000
	배우자 동거	12.6	10.3	17.6	
	자녀 동거	28.2	17.9	51.1	
	기타	11.7	12.9	8.8	
계(명)		100.0 (326)	68.7 (224)	31.3 (102)	

자신이 주관적으로 느끼는 경제상태를 조사한 결과, 1.34점으로 경제적으로 부족하다고 느끼는 것을 알 수 있다. 조사대상 중에서 67.8%의 노인이 경제적으로 부족하다고 느끼고 있으며, 수급권자(76.3%)는 차상위계층(49.0%)에 비해 경제적으로 부족하다고 느끼는 경향이 더욱 강하게 나타났다($\chi^2=26.225$, p<.001). 주된 수입원은 정부나 복지기관에서의 보조금이 대부분을 차지하고 있었으며(65.6%) 수급권자는 91.1%가 정부나 복지기관의 보조금에 의존하고 있었다($\chi^2=21.940$, p<.001). 연구대상 빈곤 노인의 74.2%는 직업이 없었으며 직업 유무는 수급 여부에 따라 차이가 나지 않았다.

전체 노인의 81.8%가 주택을 소유하고 있지 않는 것으로 나타났다. 그러나 수급 여부에 따라서는 차이가 있었는데 수급권자는 24.5%가 주택을 소유하고 있었으나 차상위계층은 13.8%만이 주택을 소유하고 있었다(χ^2=5.609, p<.05).

본 연구대상 빈곤 노인은 혼자 살고 있는 경우가 47.5%로 가장 많았으며, 배우자와 함께 살고 있는 경우가 12.6%, 자녀와 함께 살고 있는 노인이 28.2%인 것으로 나타났다. 수급권자는 혼자 살고 있는 경우가 가장 많았으며(58.9%), 차상위계층은 자녀와 함께 살고 있는 경우가(51.1%) 가장 많은 것으로 나타났다(χ^2=50.813, p<.001).

3. 빈곤 노인의 신체적 건강요인, 여가활동 요인, 사회적 지지요인

1) 신체적 건강요인

본 연구에서 신체적 건강요인의 변인인 현재 만성질환 수, 주관적 건강상태 평가, 일상생활 수행능력에 대한 조사결과는 <표 4-3>에서 보는 바와 같다. 본 연구대상 빈곤 노인은 평균 2.02개의 만성질환을 현재 앓고 있는 것으로 나타났으며, 가장 많은 경우는 7가지의 질환을 갖고 있는 노인도 있었다. 수급권자는 평균 2.16가지의 질환을 갖고 있었으며, 차상위계층은 평균 1.73가지의 질환을 갖고 있는 것으로 나타났다(t=.101, p<.05).

<표 4-3> 신체적 건강요인에 대한 t 검증 결과

변 인	전 체		수급권자		차상위계층		t
	평균	표준편차	평균	표준편차	평균	표준편차	
만성질환 수(개)	2.02	1.10	2.16	1.160	1.73	.92	101**
주관적 건강상태평가(점)	7.08	2.67	6.69	2.72	7.92	2.36	−3.885***
일상생활 수행능력(점)	36.69	5.99	39.78	5.91	39.50	6.18	.379

* p<.05, ** p<.01, *** p<.001

빈곤 노인이 주관적으로 느끼는 건강상태는 평균 7.08점으로, 점수 범위가 3-15점인 점을 감안하면 보통 정도라 할 수 있다. 일부 지역 노인을 대상으로 주관적 건강을 측정한 결과 100점 만점에 평균 53.6점(장인순, 2003)과 비슷한 수준으로 인식하고 있는 것으로 나타났다. 본 연구 결과 수급권자의 주관적 건강상태 평가점수는 6.69점, 차상위계층은 7.92점으로 수급권자는 차상위계층에 비해 자신의 건강이 좋지 않다고 평가하였다(t = −3.885, p<.001). 본 연구 결과 수급권자가 차상위계층에 비해 연령이 많으며 고령으로 갈수록 만성질환이 많아지므로 질환 수에 차이가 있고, 만성질환이 많은 경우 자신의 건강을 부정적으로 보게 되므로 이러한 결과가 타당성이 있을 것으로 보인다. 일상생활 수행능력은 평균 36.69점으로 일상생활 수행능력이 15-45점 사이인 점을 고려할 때 비교적 독립적으로 일상생활을 수행하고 있다고 평가

할 수 있다. 그리고 수급권자는 39.78점, 차상위계층은 39.50점으로 비슷하였으며 통계적으로 유의하지 않았다.

2) 여가활동 요인

본 연구에서 빈곤 노인의 여가활동 요인의 변인인 여가활동 참여도와 여가만족도를 조사한 결과는 〈표 4-4〉에서 보는 바와 같다. 여가활동 참여도는 전체 평균이 1.87점이었으며, 각 유형별 여가활동 정도를 살펴보면 가족 중심의 여가활동 점수는 평균 2.11점이었으며, 가족 외 활동 중심의 여가활동 점수는 1.65점으로 나타나 가족 중심의 여가활동이 더 활발한 것으로 나타났다. 수급권 유무에 따라 여가활동 정도를 조사한 결과 수급권자는 1.79점, 차상위계층은 2.03점을 나타나 차상위계층이 수급권자에 비해 여가활동 빈도가 높음을 알 수 있다($t = -4.120$, $p < .001$). 현재 재가복지서비스가 노인의 여가활동에 크게 초점이 맞춰지지 않은 상태이므로 여가활동은 노인 개인이 비용에 대한 책임을 져야 하기 때문에 경제적 요인이 중요하게 작용했을 것으로 보인다. 따라서 절대빈곤층인 수급권자의 여가활동은 차상위계층에 비해 적은 것으로 나타났다.

본 연구 결과에서 빈곤 노인의 여가활동 만족 정도는 평균 31.34점으로 여가활동에 대한 만족 정도는 보통 정도인 것으로 나타났다. 그리고 수급권자는 평균 30.01점, 차상위계층은

34.38점으로 수급 여부에 따른 여가활동 만족 정도는 차이가 없는 것으로 나타났다.

<표 4-4> 여가활동 요인에 대한 t 검증 결과

(단위: %)

변 인	전 체		수급권자		차상위계층		t
	평균	표준편차	평균	표준편차	평균	표준편차	
여가활동 참여도	1.87	0.48	1.79	0.45	2.03	0.51	-4.120***
여가활동 만족도	31.34	13.66	30.01	13.28	34.38	14.08	-2.652

* p<.05, ** p<.01, *** p<.001

3) 사회적 지지요인

본 연구에서 빈곤 노인의 사회적 지지요인인 가족기능, 가족지지, 사회적 지지, 재가복지서비스 만족도, 재가복지서비스 이용 수를 조사한 결과는 <표 4-5>에서 보는 바와 같다. 가족기능은 평균 85.22점으로 나타났다. 수급권 유무에 따른 가족지지의 차이를 살펴보면, 수급권자는 83.79점, 차상위계층은 88.41점으로 수급권자의 가족기능이 더 높은 것으로 나타났다(t=-2.409, p<.05). 가족지지는 평균 40.28점으로 나타났으며, 수급권자는 36.82점, 차상위계층은 47.89점으로 차상위계층의 가족지지가 수급권자에 비해 높은 것으로 나타났다(t=-5.937, p<.001).

<표 4-5> 사회적 지지요인에 대한 t 검증 결과

(단위: %)

변 인	전 체		수급권자		차상위계층		t
	평균	표준편차	평균	표준편차	평균	표준편차	
가족기능(점)	85.22	15.97	83.79	15.55	88.41	16.49	-2.409*
가족지지(점)	40.28	16.26	36.82	15.93	47.89	14.34	-5.937***
사회적 지지(점)	93.07	33.34	90.14	31.31	99.51	36.79	-2.334*
재가서비스 만족도(점)	1.41	.71	1.47	2.01	1.29	1.63	5.227***
재가서비스 이용 수(개)	2.66	1.97	3.04	.708	1.85	.726	2.049*

* p<.05, ** p<.01, *** p<.001

사회적 지지점수 총합은 평균 93.07점이었으며 수급권 유무에 따른 사회적 지지 정도는 수급권자가 90.14점, 차상위계층이 99.51점으로 수급권자에 비해 사회적 지지를 더 많이 받고 있는 것으로 나타났다(t=-2.334, p<.05). 본 연구 결과 수급권자는 가족기능, 가족지지, 사회적 지지가 모두 차상위계층에 비해 낮은 것으로 나타났다.

재가복지서비스 만족 정도는 빈곤 노인 전체 평균 1.41점이였으며 수급권자는 1.47점, 차상위계층은 1.29점으로 수급권자의 재가서비스 만족도가 더 높은 것으로 나타났다(t=5.227 p<.001). 재가서비스 이용 수는 전체 노인 평균 2.66개 서비스를 이용하고 있었으며 수급권 노인은 3.04개, 비수급권 노

인은 1.85개로 수급권자가 재가복지서비스를 더 많이 이용하고 있었다(t=2.049, p<.05).

최근 노인을 대상으로 하는 재가복지서비스의 확대와 함께 절대빈곤층인 수급권자에게 치중하여 재가복지서비스를 실시한 결과 수급권 노인의 재가복지서비스 이용 수가 증가하였으며 그 만족도도 더 높게 보고되었다. 그러나 재가복지서비스 만족 정도가 1.41점으로 보통 수준에 못 미치는 것으로 나타나 수혜자 중심의 서비스 만족도를 높일 수 있는 서비스의 질적인 향상이 필요함을 보여주고 있다.

4. 빈곤 노인의 우울에 영향을 미치는 요인

1) 빈곤 노인의 우울에 영향을 미치는 요인

본 연구에서 설정한 [그림 3-1]의 연구모형에 의거하여 빈곤 노인의 우울에 미치는 영향 요인을 확인하기 위한 위계적 다중회귀분석을 실시하기 전에 회귀식의 적합도와 관련하여 독립 변인 간의 다중공선성을 확인하였다. 독립변인인 인구사회학적 특성, 경제적 요인, 신체적 건강요인, 여가활동 요인, 사회적 지지요인의 상관관계를 확인하기 위해 피어슨 적률상관계수를 조사한 결과 .001~.625로 0.7 이상의 높은 상관

관계를 보이는 독립변수가 발견되지 않아 다중공선성의 문제
는 없는 것으로 확인되었다. 이에 빈곤 노인의 우울에 영향
을 미치는 요인을 파악하기 위해 5단계로 단계적 회귀분석을
실시하였는데, 그 결과는 〈표 4-6〉에서 보는 바와 같다.

〈표 4-6〉 빈곤 노인의 우울에 영향을 미치는 요인에 대한 회귀분석

(단위: %)

변 수		Model 1		Model 2		Model 3		Model 4		Model 5	
		B	β	B	β	B	β	B	β	B	β
인구사회학적 요인	연령	-.001	-.002	-.004	-.007	1.460E-02	.028	2.178E-03	.004	-.005	-.010
	성별[1]	.164	.019	.164E-02	.011	.166	.019	.162	.019	.319	.036
	결혼상태[2]	-.610	-.076	-.459	-.057	-.265	-.033	-.337	-.042	-.362	-.044
	교육수준	-.177	-.057	-.032	-.010	.173E-03	.002	7.414E-02	.024	3.935E-02	.012
	종교[3]	-.597	-.072	-.345	-.041	-.273	-.033	-.223	-.027	-.122	-.015
	거주형태[4]	-.007	-.001	-.282	-.040	-.544	-.077	-.474	-.067	1.033	-.146*
경제적 요인	월 가구수입			1.519E-03	.025	2.079E-03	.034	2.759E-03	.046	2.294E-03	.038
	주관적 경제상태 평가			-2.695	-.387***	-2.016	-.289***	-1.881	-.265***	-1.675	-.237***
	직업 유무[5]			-.178	-.022	-.168	-.021	-.101	-.012	-.203	-.025
	주택소유상태[6]			1.936E-02	.002	-.090	-.010	-.062	-.007	.181	.019
신체적 건강요인	만성질환 수					9.141E-02	.029	8.444E-02	.026	.141	.044
	주관적 건강상태 평가					-.421	-.320***	-.366	-.280***	-.321	-.244***
	일상생활 수행능력					-.028	-.048	-.021	-.035	-.018	-.030
여가활동 요인	여가활동 참여도							-.009	-.020	2.138E-02	.050
	여가활동 만족도							-.035	-.138*	-.014	-.053
사회적 지지요인	가족기능									-.030	-.134*
	가족지지									-.046	-.212**
	사회적지지									-.002	-.022
	재가서비스 만족도									.100	.020
	재가서비스 이용 수									1.616E-02	.009
상수		10.007***		13.304*		14.841***		16.106***		18.847***	
R		.136		.395		.511		.525		.591	
R²		.018		.156		.261		.275		.350	
Adjusted R²		-.003		.129		.230		.239		.303	
R² Change		-		.132		.101		.009		.064	
F		.852		5.882***		8.406***		7.574***		7.533 ***	

* p<.05, ** p<.01, *** p<.001

주 1) 남성=1, 여성=0 2) 유배우=1, 무배우=0 3) 종교 있음=1, 무교=0 4) 혼자 산다=1, 동거한다=0, 5) 직업 있다=1, 직업 없다=0 6) 자가=1, 무주택=0

먼저 인구사회학적 특성이 연구대상 빈곤 노인의 우울에 미치는 영향 정도를 파악하기 위한 모델 1에서 인구사회학적 특성인 연령, 성별, 결혼상태, 교육 정도, 종교, 거주형태를 독립변수로 하여 회귀분석을 실시하였다. 그 결과에 의하면 이들 변수가 우울에 미치는 영향은 없는 것으로 나타났으며 유의미한 변수도 없었다. 반면에 일반 노인의 경우 연령이 많을수록 더 우울하며(신은영, 이인수, 2002; 김동배, 손의성, 2005) 교육수준이 낮은 집단일수록 우울 정도가 높게 나타난 연구도 있었지만(김진순 등, 1999; 허준수, 유수현, 2002; 김동배, 손의성, 2005; 신은영, 이인수, 2002; 김진순 등, 1999), 다른 연구에서는 노인의 교육수준과 연령은 우울에 영향을 주지 않는 것으로 나타나(박봉길, 전석균, 2006) 일반적 특성과 우울에 관한 연구 결과가 일관적이지 못함을 알 수 있다.

본 연구의 결과와 선행연구의 결과가 차이를 보이는 것은 연구대상의 차이에 기인한 것으로 보인다. 본 연구의 조사대상 빈곤 노인의 경우 모두 재가복지서비스를 이용하고 있으며, 연령은 평균 76.57세로 70세 이상의 고령이 대부분을 차지하였으며, 그로 인해 결혼상태도 사별이 대부분을 차지하였다. 또한 빈곤 노인의 특성상 교육수준에서도 무학과 초등학교 졸업이 82.2%를 차지하고 있다. 연령이 많을수록 재가복지서비스의 이용 욕구와 의향이 많음을 고려할 때(김점희, 2006) 재가복지서비스를 이용하는 노인의 연령이 전반적으로 높을 수밖에 없으며, 더욱이 빈곤 노인의 특성상 교육수준도 전반적으로 낮아 이들 인구사회학적 특성이 비교적 유사하여 우울을 유의하게 예측하지 못했을 것으로 추측된다.

모델 2에서는 인구사회학적 특성과 함께 경제적 요인인 월 가족수입과 주관적 경제상태 평가, 주택소유 여부가 독립변수로 추가 투입되었으며, 주관적 경제상태 평가($\beta = -.387$, $p < .001$)가 우울에 유의한 영향을 미치는 것으로 나타났으며 이들 변수들의 설명력은 12.9%로 나타났다. 즉 빈곤 노인이 경제적으로 충분하다고 느낄수록 우울 정도가 낮았다. 본 연구 결과는 경제적 수준이 낮은 노인들이 더 우울하다고 보여준 다른 연구 결과(허준수, 유수현, 2002; 김병하, 남철현, 1999; 김미혜 등, 2000; 최영순, 2005)와 일치하였다.

그러나 본 연구에서 주관적으로 느끼는 경제상태 이외에 가족의 수입이나 직업 유무, 주택소유 상태와 같은 경제 및 주택 관련 요인의 객관적 변수는 우울에 의미 있는 영향을 주지 않는 것으로 나타났다. 본 연구 대상자 모두는 보건복지부규정에 의해 절대적 빈곤층으로 분류된 상태이다. 실제로 50.9%가 현재 임대주택에서 살고 있으며, 전체 노인의 68.7%가 국민기초생활수급권자이고 대상 노인의 가족 수입은 평균 52.59만 원으로 가족수입도 50만 원 미만이 대부분이었으며, 생활비 지원도 대부분 정부보조금으로 생활하고 있는 형편이므로 주택소유나 가족수입과 같은 객관적 경제상태가 비교적 일관적인 편이였다. 따라서 비교적 일관적인 가족수입이나 주택소유보다는 오히려 주관적으로 느끼는 자신의 경제상태 평가가 우울에 유의한 영향을 주었을 것으로 보인다.

모델 3에서는 모델 2에서의 인구사회학적 특성 및 경제적 요인과 함께 신체적 건강요인의 변수인 만성질환 수, 주관적 건강상태 평가, 일상생활 수행능력이 빈곤 노인의 우울에 미치는 영향을 분석하였다. 분석결과 모델 3의 설명력은 23.0%이었으며, 주관적 경제상태 평가(β = -.289, p<.001), 주관적 건강상태 평가(β = -.320, p<.001)가 우울에 영향을 주었다.

자신의 건강을 긍정적으로 인식할수록 우울이 낮은 것으로 확인된 본 연구 결과는 기존의 연구 결과와 일치하였다(서국희 등, 1999; 유경자, 2004; 최영순, 2005; 김동배, 손의성, 2005; 박봉길, 전석균, 2006; 박인옥 등, 1998; 강희숙, 2000; 박인옥 등, 1998).

이러한 결과는 노인에게 주관적 건강상태 인식이 우울이라는 심리적 문제와 관련이 있음을 알 수 있다. 따라서 재가복지서비스를 이용하고 있는 빈곤 노인이 주관적으로 평가하는 자신의 건강상태가 노인의 우울에 매우 중요한 요인으로 나타났으므로 지역사회에 거주하고 있는 빈곤 노인들을 대상으로 만성질환을 잘 관리하고 합병증이 나타나지 않도록 도와주며, 건강한 노인의 경우 건강증진을 위한 건강관리를 통하여 건강에 대한 자신감을 갖고 생활할 수 있도록 보건소, 정신보건센터, 건강가정지원센터, 지역병원과 연계된 의료, 보건, 복지서비스가 실시되어야 할 것이다.

본 연구 결과 신체적 건강요인의 변인인 일상생활 수행능력은 빈곤 노인의 우울에 영향을 주지 않는 것으로 확인되었다. 이는 연구 대상자가 복지관을 방문한 노인으로 비교적 일상생활 수행능력과 도구적 일상생활 수행능력이 높았으므로 통계적으로 우울에 유의한 영향을 주지 못한 것으로 볼 수 있다. 기존 연구에서는 일상생활 수행능력이 낮을수록 더 우울한 것으로 나타났으나(김병하, 남철현, 1999; 김미혜 등, 2000; 허준수, 유수현, 2002), 노인의 우울과 일상생활 수행능력은 상관이 없었다는 보고도 있다. 또한 도구적 일상생활 수행능력과 우울에 대한 관련성이 보고되고 있으나(강희숙, 김근조, 2000; 허준수, 유수현, 2002; 이수애, 김경미, 2002; 김동배, 손의성, 2005) 연구에 일관성이 없어 이에 관련된 지속적인 검증이 요구된다.

모델 4에서는 모델 3에서의 인구사회학적 특성과 경제적 요인, 신체적 건강요인을 포함하여 여가활동 요인의 변수인 여가활동 참여도와 여가활동 만족도가 독립변수로 추가되어 회귀분석을 실시하였다. 분석 결과 모델 4의 설명력은 23.9%이었으며 빈곤 노인이 경제적으로 충분하다고 느낄수록($\beta = -.265$, $p < .001$), 자신이 건강하다고 느낄수록($\beta = -.280$, $p < .001$), 여가활동 만족도가 높을수록($\beta = -.138$, $p < .05$) 우울이 낮은 것으로

나타났다.

이 결과는 여가활동에 대한 만족 정도가 노인의 생활만족에 영향을 주는 중요한 변수로 확인한 기존 연구 결과와(홍성희, 1998; 김성연, 박미석, 2000) 일치하는 것으로 나타났다. 그러므로 여가에 대한 노인의 만족감을 높일 수 있도록 빈곤층 노인에게도 다양한 여가활동 프로그램을 개발, 지원해 줄 필요가 있다.

그러나 여가활동 참여 정도에 따라서는 빈곤 노인의 우울에 의미 있는 영향을 주지 않는 것으로 나타났다. 이는 여가활동 참여도가 높은 노인집단이 여가활동이 낮은 노인 집단에 비해 우울이 낮다는 기존의 연구 결과(김도훈 등, 1997)와 일치하지 않았다.

이러한 결과는 한국 빈곤 노인의 여가 참여 실태와 관련이 있을 것으로 보인다. 노화와 은퇴를 경험하게 되는 노인에게는 자유의지가 개입되는 여가보다는 비자발적인 여가참여가 더 많을 수밖에 없는 상황이므로(정순희, 최혜경, 2006), 소극적이고 정적인 여가활동에 주로 참여하게 되며, 여가시간은 많지만 여가활동의 질은 상대적으로 열악한 상황인 점 때문에(김진욱, 2006), 빈곤 노인의 우울에는 여가활동 참여도보다는 여가활동의 질적인 부분이 강조된 여가활동 만족도가 더 영향을 주고 있음을 알 수 있다.

이상의 결과는 빈곤 노인들의 여가활동의 질을 높이기 위하여 여가활동에 대한 정보제공과 반복적인 교육을 실시함과 동시에 개인적 특성에 맞는 여가활동을 적절히 활용할 수 있게 하여 노인의 신체적, 정신적 건강상태의 증진을 도모하면 노인의 우울을 낮출 수 있음을 시사하고 있다. 또한 긍정적인 여가활동 태도를 가질수록 여가활동 참여를 많이 하는 것으로 나타났으며, 여가활동에 대한 긍정적인 태도는 여가활동을 지속하도록 유도할 수 있으므로(이정우 등, 1997) 빈곤 노인의 특성에 맞는 여가프로그램 개발과 적용은 빈곤 노인의 여가활동 만족도를 높임으로써 만족스런 여가활동을 유도할 수 있을 것으로 보인다.

모델 5에서는 인구사회학적 특성, 경제적 요인, 신체적 건강요인, 여가활동 요인에 사회적 지지요인인 가족기능, 가족지지, 사회적 지지, 재가복지서비스 만족도와 이용 수를 투입하여 빈곤 노인의 우울에 미치는 영향을 판별하였다. 분석결과 모델 5의 설명력은 30.3%이었으며, 빈곤 노인의 거주형태($\beta = -.146$, p<.05), 주관적 경제상태 평가($\beta = -.237$, p<.001), 주관적 건강상태 평가($\beta = -.244$, p<.001), 가족기능($\beta = -.134$, p<.05)과 가족지지($\beta = -.212$ p<.01)가 우울에 영향을 주는 변수로 확인되었다. 즉 빈곤 노인이 자녀나 친척과 동거하지 않고 혼자 거주하고, 경제적으로 충분하다고 느낄수록, 자신의 건강이 좋다고 느낄수록, 가족기능과 가족지지가 높을수록 빈곤 노인의 우울 정도가 낮은 것을 알 수 있다. 그러나 여가활동 요인의 변인과 친구와 가까운 사람이나 기

관에서 제공하는 사회적 지지, 일상생활 수행능력과 도구적 일상생활 수행능력, 재가복지서비스 만족도와 이용 수는 빈곤 노인의 우울에 의미 있는 영향을 주지 않는 것으로 나타났다.

노인의 가족기능과 가족지지는 우울에 영향을 주는 주요 변수로 확인되어 기존의 연구 결과와 일치하였다(김동배, 손의성, 2005; 김홍기 등, 1991; 박인옥 등, 1998). 실제로 노인들은 가족으로부터 대우를 받지 못하고 있다고 느낄수록 더 우울하며(김병하, 남철현, 1999) 우울증이 있는 노인들의 경우 자녀들과의 문제나 갈등을 안고 있는 것으로 나타난(박인옥 등, 1998) 기존 연구 결과와도 일치하는 결과이다. 또한 혼자 살고 있을수록 우울 정도가 더 낮았으며, 이는 핵가족에 거주하거나 혼자 거주하는 노인의 우울이 확대가족의 우울수준보다 상대적으로 낮았다는 연구 결과와 일치하였다(김진순, 손태용, 금란, 홍금덕, 1999).

이러한 연구 결과는 노인이 자녀와 동거하면서 갈등관계를 형성하여 우울 등의 심리적 문제를 경험하기보다는 자녀와 별거하면서 독립적이고 자유로운 생활을 하려는 경향과 연관성을 지니고 있다. 그러나 자녀와의 동거나 별거와는 관계없이 가족과의 친밀성, 결속력 등의 가족기능 수준과 가족의 도구적, 경제적 및 정서적 지지가 우울수준을 결정하는 영향요인임을 알 수 있다.

본 연구에서 사회적 요인 변수 중 사회적 지지는 우울에 영향을 주지 않는 것으로 확인되었다. 이는 사회적 지지가 높을수록 우울 정도가 낮았다는 기존의 연구 결과(김인자 등, 1999; Gazmararian 등; 이민숙, 2005; 김미혜 등, 2000; 허준수, 유수현, 2002)와 일치하지 않는다. 그러나 김옥수와 백성희(2002)는 사회적 지지의 양보다는 사회적 지지에 대한 만족이 노인의 우울을 더 잘 설명하고 있음을 고려할 때 사회적 지지에 대한 만족 정도를 측정하여 평가할 필요가 있다. 이는 사회적 지지 접근에 있어서 사회적 지지의 양적 측면보다는 수혜자의 만족을 고려한 질적 측면의 접근이 필요함을 의미한다.

최근 재가복지서비스는 재가노인과 독거노인을 대상으로 정서적 서비스, 주민교육서비스, 가정봉사원 파견, 주간보호서비스, 단기보호서비스 등의 직접 서비스를 제공해 왔다. 그러나 본 연구 결과 재가복지서비스의 만족도와 이용 수가 노인의 우울에 영향을 주지 않는 것으로 나타났다. 이는 본 연구의 대상이 복지기관에서 이미 재가복지서비스를 이용하고 있는 빈곤 노인으로 한정되어 있으므로 재가복지서비스 관련 변수의 영향력이 적었을 것으로 보인다. 따라서 추후의 연구는 재가복지서비스를 이용하지 않는 노인을 포함시켜 비교 분석하는 내용이 필요할 것이다.

또한 기본적 욕구 충족과 문제해결을 위한 단순한 도움 위주의 재가복지서비스에서 벗어나 빈곤 노인의 개인 특성에 맞는 프로그램을 개발하여 복지현장에 접목함으로써 노인의 삶의 질을 높일 수 있는 질적으로 향상된 재가복지서비스의 전개가 필요하다. 특히 우리나라의 재가복지서비스는 단편적이고 한정적으로 물질적 지원에만 초점이 맞춰져 있는 관계로 전문가 집단의 상호 협력이 부족하여 중복서비스를 제공하는 등 차별화된 서비스를 제공하지 못함으로 서비스의 질이 떨어지는 면이 있다. 이러한 문제를 극복하기 위해서는 정부의 개선 노력과 전문가 집단이 서비스수혜자 위주로 상호 협력하는 자세를 가질 필요가 있는 것이다. 이러한 노력은 노인의 재가복지서비스를 기관 중심의 복지에서 대상자 욕구 중심의 서비스 제공의 전환점을 부여함과 동시에 철저한 사례관리를 실시함으로써 서비스의 효율성 및 효과성의 극대화를 통하여 빈곤 노인의 재가서비스 만족도를 높임으로써 우울을 낮출 수 있을 것이다.

2) 위험군 노인집단의 우울에 영향을 미치는 요인

본 연구에서는 빈곤 노인의 우울에 영향을 미치는 요인을 보다 정확히 판별하기 위하여 독거노인, 후기고령 노인, 유병 노인, 여성 노인, 사별 노인, 수급권자인 절대빈곤 노인 등과 같은 노인복지제도에 대한 의존성이 높은 위험군 노인집단의 우울에 영향을 미치는 요인을 분석하였는데 그 결과는 〈표 4-7〉에서 보는 바와 같다.

〈표 4-7〉 위험군 노인집단의 우울에 영향을 미치는 요인에 대한 회귀분석

변인		전체 노인 β	위험군 노인집단					
			여성 노인 β	사별 노인 β	후기고령 노인 β	독거노인 β	절대빈곤 노인 β	유병 노인 β
인구사회학적 요인	연령 1)	-.010	-.002	.094	-	.023	-.017	-.030
	성별 1)	.036	-	.017	.020	.007	-.020	.035
	결혼상태 2)	-.044	-.031	-	-.043	-.050	-.045	-.032
	교육수준	.012	-.060	-.035	-.036	-.048	-.043	-.010
	종교 3)	-.015	-.055	.030	-.016	-.105	-.031	-.007
	가구형태 4)	-.146*	-.110	-.097	-.082	-	-.149*	-.140*
경제적요인	월 가족수입	.038	.119	.131	.024	.059	.068	.009
	주관적경제상태 평가	-.237***	-.271**	-.303***	-.302***	-.276***	-.233***	-.256***
	직업 유무 5)	-.025	-.002	.003	-.060	-.068	-.031	-.038
	주택소유상태 6)	.019	.058	.060	.038	.131	.050	.022
신체적 건강요인	만성질환 수	.044	.060	.074	-.028	-.051	.042	-
	주관적 건강상태 평가	-.244***	-.211**	-.260***	-.238**	-.303***	-.240**	-.239***
	일상생활 수행능력	-.030	.007	-.012	-.069	-.034	-.039	-.054
여가활동 요인	여가활동 참여도	.050	.018	.102	.010	.076	-.070	.068
	여가활동 만족도	-.053	-.029	-.028	-.026	-.069	.019	-.027
사회적지지요인	가족기능	-.134*	-.165*	-.181*	-.135	-.070	-.075	-.140*
	가족지지	-.212**	-.175*	-.145	-.162	-.166	-.225**	-.207**
	사회적 지지	-.022	.003	-.033	-.024	.023	-.022	-.048
	재가서비스 만족도	.020	.025	.058	.082	.011	.056	.028
	재가서비스 이용 수	.009	.011	-.013	.000	-.029	.031	-.006
Adjusted R²		.303	.287	.334	.266	.254	.267	.297

* p<.05, ** p<.01, *** p<.001

주 1) 남성=1, 여성=0 2) 유배우=1, 무배우=0 3) 종교 있음=1, 무교=0, 4) 혼자 산다=1, 자녀 등과 동거한다=0, 5) 직업 있다=1, 직업 없다=0 6) 자가=1, 무주택=0

독거노인과 후기고령 노인의 경우 우울에 영향을 주는 요인으로는 주관적 경제상태 평가와 주관적 건강상태 평가로 확인되었다. 즉 독거노인의 주관적 경제상태가 좋을수록, 건강이 좋다고 느낄수록 우울 정도가 낮은 것으로 나타났다. 독거노인의 경우 가족기능과 가족지지가 우울에 영향을 주지 않았으며 이는 빈곤 노인으로 혼자 살고 있는 경우나 고령인 경우 대부분 가족의 지지와 가족기능이 매우 낮음으로 인해 나타난 결과로 볼 수 있다.

　　현재 질병이 있는 유병 노인의 경우 혼자 거주할수록, 경제상태가 좋다고 느낄수록, 건강이 좋다고 느낄수록, 가족기능이 좋고 가족지지가 높을수록 우울이 낮아 전체 노인을 대상으로 한 결과와 일치하였다.

　　여성 노인의 경우 거주형태는 우울에 영향을 주지 않았으며, 주관적 경제상태 평가, 주관적 건강상태 평가, 가족기능과 가족지지가 우울에 유의미한 영향을 주었다. 사별 노인은 주관적 경제상태 평가, 주관적 건강상태 평가, 가족기능이 유의한 변수로 확인되었다.

　　수급권자인 절대빈곤 노인은 혼자 살수록, 경제상태가 좋다고 느낄수록, 건강이 좋다고 느낄수록, 가족지지가 좋을수록 우울이 낮음을 알 수 있다.

　　유병 노인과 절대빈곤 노인에게는 사회적 지지요인인 가족기능이나 가족지지가 우울에 영향을 주는 것으로 나타나 자녀 간의 관계가 중요한 요소로 단순히 자녀와의 동거가 아니라 가족의 지지와 기능 측면임을 알 수 있다. 그러므로 빈곤 노인을 대상으로 가족과의 동거 여부에 관계없이 가족기능 향상을 위한 가족지지 및 가족상담 프로그램을 강화시켜 나가야 할 것이다.

경제적 요인으로 노인의 주관적 경제상태 평가와 신체적 건강요인에서는 주관적 건강상태 평가가 모든 노인에게서 우울을 예측하는 중요한 변수임이 확인되었으므로 빈곤 노인에게 상대적 빈곤의 해결 및 건강 유지와 증진이 우울문제의 해결에 매우 중요한 문제임을 알 수 있다. 이는 월가구수입이나 용돈 액수가 일반 노인의 생활 만족도에는 영향을 주었으나 빈곤 노인에게는 영향을 주지 않았다는 연구 결과(문수경, 2004)와 일치하였다. 빈곤 노인의 경우 최저생계비의 보장에 급급한 생계 급여액보다는 오히려 주관적으로 느끼는 상대적 빈곤의 문제를 해결하는 것이 중요함을 의미한다.

그러므로 재가복지서비스를 이용하는 빈곤 노인에게는 일반 노인과 다른 차별화된 전략을 수립하기 위해 우울에 영향을 미치는 것으로 확인된 변인을 고려한 실천전략이 필요하다. 즉 재가복지서비스 중 경제적 서비스를 더 늘려 나가야 하며, 독거노인에 비해 상대적으로 사회복지적 지원이 부족했던 가족과 함께 사는 노인에 대한 지원도 늘려야 할 것이다. 또한 건강문제가 있는 노인을 대상으로 보다 전문적이고 지속적인 건강관리 서비스가 필요하며, 서비스 이용이 적었던 노인들을 위한 가족 상담서비스를 활성화해야 할 것이다.

아울러 여가활동에 대한 인식이 부족한 빈곤 노인의 욕구에 맞춰진 여가활동프로그램 개발은 빈곤 노인의 우울수준을 낮출 수 있을 것이다.

5. 빈곤 노인의 우울수준 비교

1) 빈곤 노인의 우울수준

본 연구의 조사대상인 빈곤 노인의 우울수준의 연구 결과는 〈표 4-8〉에서 보는 바와 같다. 우울점수는 평균 8.89점으로 우울증을 의심할 수 있는 절단점인 6점을 상회하기 때문에 빈곤 노인의 우울문제가 심각함을 알 수 있다. 그러나 전국의 빈곤 노인을 대상으로 SGDS를 이용하여 우울을 측정한 연구에서는 우울점수가 9.28점인 점과(이익섭, 김서원, 2005) 비교하면, 본 연구대상 노인인 빈곤 노인의 우울점수가 다소 낮게 나타났다.

또한 본 연구대상 빈곤 노인의 80.4%(262명)가 6점을 넘어 우울증이 의심되며, 19.6%(64명)은 6점 이하의 점수 분포를 나타내 빈곤 노인의 우울이 매우 심각한 상태임을 알 수 있다. 일반 노인들과 비교하여 보면 2000년 부천시 노인을 대상으로 CES-D를 이용하여 우울을 측정한 결과 전체 일반

노인의 31.8%에서 우울증상을 보인 것으로 나타났으며(보건
복지부, 2000), GDS-K로 측정한 연구에서 노인의 48.3%가
우울이 의심되는 것으로 나타났다(정미자, 2004). 그러나 본
연구대상 빈곤 노인은 정미자(2004)의 연구보다 우울한 노인
의 비율이 두 배 정도 높게 나타났다. 따라서 빈곤 노인을
대상으로 우울을 조기에 발견하고 예방하며, 적합한 서비스
제공을 위한 대책 마련이 시급하다.

<표 4-8> 빈곤 노인의 우울

(단위: %)

변인	평균	표준편차	우울하지 않은 노인	우울이 의심되는 노인
우울	8.89	3.51	19.6%	80.4%

2) 인구사회학적 특성에 따른 우울수준 비교

빈곤 노인의 인구사회학적 특성인 성별, 연령, 결혼상태,
교육수준, 종교에 따라서는 우울 정도에 차이가 없는 것으로
나타난 조사결과는 <표 4-9>에서 보는 바와 같다.

즉 성별뿐만 아니라, 연령 65세-69세, 70-79세, 80세 이상
의 노인에 따라서도 통계적으로 유의한 차이가 나타나지 않
았다. 교육수준에서도 무학, 초졸, 중졸 이상으로 집단을 분
류했을 때 차이가 없었다. 종교는 개신교 및 천주교, 불교 및
기타, 무교로 나누어 분석한 결과 유의한 차이가 없었다. 따

라서 가설 검증 결과 '빈곤 노인의 인구사회학적 특성에 따라 우울수준에 차이가 있을 것이다'라는 가설은 기각되었다.

이러한 결과는 연령과 교육수준의 영향력이 높았다는 기존의 연구 결과와(허준수, 유수현, 2002) 일치하지 않았다. 또한 배우자가 없는 노인이 더 우울한 것으로 나타난 결과(신경림, 김미영, 2001; 허준수, 유수현, 2002; 신은영, 이인수, 2002; 최영순, 2005)와도 불일치하였다.

이는 본 연구대상 노인은 수급권자와 차상위계층으로 한국 사회에서 절대적 빈곤층이다. 안미경(2005)은 빈곤의 원인을 취업기회의 부족, 낮은 교육수준, 세습적인 빈곤, 부양기능의 약화, 고령과 질병 등으로 보았다. 이는 빈곤의 원인이 될 수 있는 교육, 취업, 부양기능, 연령, 질병 등은 기존 연구에서 모두 우울에 영향을 주는 변수임이 확인되었다. 본 연구 결과 조사대상의 연령은 평균 76.57세로 70세 이상의 고령이 대부분을 차지하였으며, 그로 인해 결혼상태도 사별이 대부분을 차지하였고, 교육수준에서도 무학과 초등학교 졸업이 82.2%를 차지하고 있었다. 즉 빈곤 노인의 우울에 영향을 주는 일반적 특성이 비교적 유사한 집단이며 이로 인해 일반 노인들에 비해 일반적 특성에 따라 우울에 차이가 없는 것으로 보인다.

<표 4-9> 인구사회학적 특성에 따른 우울수준 비교

(단위: %)

변 인	범 주	평 균	표준편차	F
성 별	남 자	8.76	3.87	-.366
	여 자	8.93	3.41	
연 령	65-69세	8.54	3.98	.873
	70-79세	9.17	3.25	
	80세 이상	8.74	3.55	
결 혼 상 태	유 배 우	9.06	3.38	2.216
	무 배 우	8.40	3.83	
교 육 수 준	무 학	9.09	3.47	.886
	초등학교 졸	8.84	3.60	
	중졸 이상	8.39	3.49	
종 교	개신교 및 천주교	8.64	3.58	1.337
	불교 및 기타	9.10	3.55	
	무 교	9.38	3.26	

* p<.05, ** p<.01, *** p<.001

3) 경제 및 주택 관련 특성에 따른 우울수준 비교

경제 및 주택 관련 특성에 따른 빈곤 노인의 우울수준 비교결과는 <표 4-10>에서 보는 바와 같다. 월 가족수입에 따라서는 노인의 우울수준 차이는 없었다. 그러나 빈곤 노인의 주관적 경제상태에 따라서 우울에 차이가 나타났다.

<표 4-10> 경제 및 주택관련 특성에 따른 우울수준 비교

(단위: %)

변 인	범 주	평 균	표준편차	F
월 가족 수입	0-30만 원 미만	9.01	3.17	2.104
	30-50만 원 미만	9.23	3.38	
	50만 원 이상	8.31	3.89	
주관적 경제상태 평가	부족한 편 [a]	9.83	3.06	29.079 *** a>c b>c
	보 통 [b]	6.99	3.60	
	충분한 편 [c]	5.60	3.36	
주된 생활지원	정부 및 복지관 [a]	9.21	3.39	3.701* a>b
	가족지원 [b]	8.01	3.68	
	근로수입 및 기타 [c]	9.14	3.52	
직업 유무	없 음	9.00	3.60	.945
	있 음	8.58	3.22	
주택 소유상태	전, 월세	8.89	3.47	.000
	자 가	8.89	3.74	
거주 형태	독 거	9.01	3.20	.176
	배우자 동거	8.92	3.77	
	자녀 동거	8.81	3.79	
	기 타	8.57	3.83	

p<.05, ** p<.01, *** p<.001

즉 경제적으로 충분하다고 느끼는 빈곤 노인은 부족하다고 느끼는 빈곤 노인과 보통이라고 느끼는 빈곤 노인에 비해 우울이 낮은 것으로 나타났다($F=29.079$, $p<.001$). 이러한 본 연구의 결과는 주관적 경제수준과 월수입은 우울에 영향을 주는 주요 변수로 확인된 선행 연구 결과와(김동배, 손의성,

2005) 일치하였다.

경제적 지원 측면에서 정부 및 복지관에서 지원을 받는 빈곤 노인이 가족의 지원을 받는 노인에 비해 더 우울한 것으로 나타났다(F=29.079, p<.001).

가족수입이 절대적으로 부족하여 정부나 복지관에서 지원을 받아 생활하는 노인은 대부분 수급권자임을 고려할 때 경제적인 요인이 우울에 중요하게 기여하고 있음을 알 수 있다. 그러므로 노인이 경제적인 어려움을 해결해 줄 수 있는 다양한 복지서비스가 필요할 것으로 보인다.

직업 유무와 주택소유 여부에 따라서는 빈곤 노인의 우울에 차이가 없는 것으로 나타났다. 또한 거주형태에 따른 빈곤 노인의 우울도 통계적으로 유의한 차이가 없는 것으로 나타났다.

따라서 가설 검증 결과 '빈곤 노인의 경제 및 주택관련 특성에 따라 우울수준에 차이가 있을 것이다'라는 가설은 부분적으로 지지되었다.

4) 신체적 건강요인에 따른 우울수준 비교

빈곤 노인의 신체적 건강 특성에 따라 우울 정도를 비교해 본 결과는 〈표 4-11〉에서 보는 바와 같다. 빈곤 노인이 현재 갖고 있는 만성질환의 수에 따라 우울에 차이가 있었다. 사후분석 결과 2가지 이하의 질환을 갖고 있는 노인에 비해 5

가지 이상의 질환을 갖고 있는 노인이 더 우울한 것으로 나타났다(F=3.729, p<.05).

이러한 결과는 현재 앓고 있는 질환의 수가 많은 노인이 우울증상이 높은 것으로 나타난 기존 연구 결과(김미혜 등, 2000; 김동배, 손의성, 2005; 김진순 등, 1999; 박인옥 등, 1998)와 일치하였다.

주관적 건강상태 평가에 따라서는 우울수준에 통계적으로 유의한 차이가 나타났다(F=28.863, p<.001). 사후분석 결과 건강이 비교적 좋다고 평가하여 응답한 빈곤 노인은 건강이 비교적 낮다고 응답한 노인과 보통으로 평가한 노인에 비해 우울이 더 낮은 것으로 나타나 기존 연구 결과(Miller, et al., 1995; 박봉길, 전석균, 2006)와 일치하였다. 이러한 결과는 향후 빈곤 노인의 질병 발생을 예방할 수 있는 예방 관리가 이루어져야 할 것이며 만성질환이 있더라도 질환에 대한 관리가 적절히 이루어져 건강한 삶을 유지할 수 있도록 하는 전문적인 건강관리 서비스가 활발하게 이루어져야 할 것이다.

<표 4-11> 신체적 건강요인에 따른 우울수준 비교

(단위: %)

변 인	범 주	평 균	표준편차	F
만성질환 수	2개 이하 [a]	8.73	3.61	3.729 * a<c
	3-4개 [b]	9.01	3.26	
	5개 이상 [c]	12.12	1.55	
주관적 건강상태 평가	좋지 않음 [a]	10.08	2.88	28.863*** a>c b>c
	보 통 [b]	10.09	2.96	
	좋 음 [c]	7.31	3.63	
일상생활 수행능력	낮은 집단 [a]	9.88	3.22	8.705*** a>c b>c
	중간 집단 [b]	9.20	3.36	
	높은 집단 [c]	7.45	3.72	

* $p < .05$, ** $p < .01$, *** $p < .001$

일상생활 수행능력 수준에 있어서도 통계적으로 차이가 있었다($F = 8.705$, $p < .001$). 일상생활 수행능력이 비교적 낮은 ADL 점수 32점 이하의 노인은 일상생활 수행능력이 보통수준의 노인(33-47점)과 독립적인 노인(48점 이상)에 비해 우울이 더 높은 것으로 나타났다. 따라서 빈곤 노인의 일상생활에서의 독립성을 높일 수 있는 재활서비스가 활발하게 제공되어야 할 것이다.

따라서 가설 검증 결과 '빈곤 노인의 신체적 건강요인에 따라 우울수준에 차이가 있을 것이다'라는 가설은 지지되었다.

5) 여가활동 요인에 따른 우울수준 비교

본 연구대상 빈곤 노인의 여가활동 요인에 따라 우울 정도
를 비교 분석한 결과는 〈표 4-12〉에서 보는 바와 같다. 빈곤
노인의 여가활동 참여 정도를 평균과 표준편차를 기준으로
22점 미만, 23-41점, 42점 이상으로 여가활동 참여 정도를 나
누어 우울경로를 비교한 결과 여가활동 참여 정도가 비교적
낮은 노인이 여가활동 참여 정도가 보통 이상인 노인에 비해
우울 정도가 더 심한 것으로 나타났다($F=11.368$, $p<.001$). 이
는 김도훈 등(1997)과 허준수와 유수현(2002)의 연구 결과와
일치하여 여가활동 참여를 권장하여 노인의 우울을 낮출 수
있을 것으로 확인되었다.

여가활동 만족 정도에서도 여가활동 만족도가 낮은 17점
이하의 노인이 여가활동 만족도가 18-44점으로 보통인 노인
이 45점 이상으로 만족 정도가 높은 노인에 비해 우울이 더
높았다($F=14.007$, $p<.001$). 따라서 여가활동의 질적 차원을
높임으로써 노인의 여가활동 만족을 증가시켜 빈곤 노인의
우울을 낮출 수 있는 방안이 마련되어야 할 것이다.

따라서 가설 검증 결과 '빈곤 노인의 여가활동 요인에 따
라 우울수준에 차이가 있을 것이다'라는 가설은 지지되었다.

<표 4-12> 여가활동 요인에 따른 우울수준 비교

(단위: %)

변 인	범 주	평 균	표준편차	F
여가활동 참여도	낮은 집단 [a]	11.13	2.91	11.368***
	중간 집단 [b]	8.82	3.45	a>b
	높은 집단 [c]	7.58	3.56	a>c
여가활동 만족도	낮은 집단 [a]	10.10	3.13	14.007***
	높은 집단 [b]	8.96	3.38	a>c
	높은 집단 [c]	6.98	3.65	a>b

* p<.05, ** p<.01, *** p<.001

6) 사회적 지지요인에 따른 우울수준 비교

본 연구에서 빈곤 노인의 사회적 지지요인에 따른 우울 정도를 비교한 결과는 <표 4-13>에서 보는 바와 같다. 가족기능에 따라 우울에 차이가 있었는데($F = 24.510$, $p < .001$) 가족기능이 100점 이상으로 높은 노인이 가족기능이 낮은 68점 이하, 중간인 69-100점 이하의 노인에 비해 우울 정도가 낮은 것으로 나타났다. 또한 가족지지에 따라 우울에 차이가 있었다($F = 29.389$, $p < .001$). 가족지지가 57점으로 가족기능이 높은 노인이 23점 이하, 24-56점의 보통 이하의 가족기능을 보고한 노인에 비해 우울이 더 낮았다.

사회적 지지에서도 사회적 지지점수가 59점 이하인 빈곤 노인이 60-126점, 127점 이상의 보통 이하의 사회적 지지를 받고 있는 노인에 비해 우울이 낮았다(F=9.525, p<.001).

〈표 4-13〉 사회적 지지요인에 따른 우울수준 비교

(단위: %)

변 인		평 균	표준편차	F
가족기능	낮은 집단 [a]	10.31	3.21	24.510***
	중간 집단 [b]	9.21	3.24	a>c
	높은 집단 [c]	6.09	3.47	b>c
가족지지	낮은 집단 [a]	10.21	3.13	29.389***
	중간 집단 [b]	9.28	3.22	a>c
	높은 집단 [c]	6.05	3.35	b>c
사회적 지지	낮은 집단 [a]	9.37	3.23	9.525***
	중간 집단 [b]	9.22	3.34	a>c
	높은 집단 [c]	7.03	3.97	b>c
재가복지 서비스 만족도	만족한다	8.86	2.42	
	보통이다	8.48	4.31	2.826*
	만족하지 못하다	10.51	3.38	
재가복지 서비스 이용 수	2개 이하	8.8889	3.61929	
	3-4개	8.6154	3.25629	.615
	5개 이상	9.2881	3.52357	

* p<.05, ** p<.01, *** p<.001

재가복지서비스에 대한 만족 정도에 따라서도 통계적으로 유의한 차이가 있었으나(F=2.826, p<.05) 사후 분석결과 차이가 나타나지 않았다. 또한 재가복지서비스에 불만족스럽다고 응답한 노인의 우울점수가 가장 높아 서비스 만족도에 따라 차이가 있는 것으로 나타났다(F=2.826, p<.05). 그러나 현

재 이용하고 있는 재가복지서비스의 수에 따라서는 통계적으로 유의한 차이가 나타나지 않았다.

이상과 같이 가설 검증 결과 '빈곤 노인의 사회적 지지요인에 따라 우울수준에 차이가 있을 것이다'라는 가설은 지지되었다.

결론 및 제언

1. 결 론

　본 연구는 경기지역에 소재한 종합사회복지관과 노인복지회관에서 각종 재가복지서비스를 이용하고 있는 빈곤 노인의 우울수준을 측정하고, 이에 영향을 미치는 요인을 판별하여, 빈곤 노인의 우울을 예방 또는 경감할 수 있는 프로그램 개발과 정책 수립을 위한 방안을 제시하는 데 기본적 목적이 있다.

　이를 위하여 경기지역 소재 종합사회복지관과 노인복지회관에서 재가복지서비스를 이용하고 있는 빈곤 노인 326명을 대상으로 구조화된 설문조사를 실시하였는데, 본 연구의 주요 연구 결과를 요약하면 다음과 같다.

　빈곤 노인의 우울수준은 평균 8.89점으로 중간 정도 수준이지만, 빈곤 노인의 80.4%가 우울증이 의심되어 빈곤 노인의 우울이 매우 심각한 것으로 나타났다. 빈곤 노인의 우울에 미치는 요인을 판별하기 위해

　모델 1에서 인구사회학적 특성인 연령, 성별, 결혼상태, 교육 정도, 종교, 거주형태를 독립변수로 하여 회귀분석을 실시한 결과, 빈곤 노인의 인구사회학적 변인은 우울에 의미 있는 영향을 미치지 않았다.

　모델 2에서는 인구사회학적 특성과 경제적 요인인 월 가족수입과 주관적 경제상태 평가, 직업 유무, 주택소유 상태가 독립변수로 투입되었으며, 분석결과 주관적 경제상태 평가(β

= −.387, p<.001)가 우울에 유의한 영향을 미치는 것으로 나타났으며 이들 변수의 설명력은 12.9%이었다. 즉 빈곤 노인이 경제적으로 충분하다고 느낄수록 우울이 낮았다. 그러나 주관적으로 느끼는 경제상태 이외에 가족의 수입이나 직업 유무, 주택소유와 같은 경제 및 주택 관련 측면의 객관적 변인은 우울에 의미 있는 영향을 주지 않는 것으로 나타났다.

모델 3에서는 인구사회학적 특성, 경제적 요인과 함께 신체적 건강요인의 변인인 만성질환 수, 주관적 건강상태 평가, 일상생활 수행능력이 빈곤 노인의 우울에 미치는 영향을 분석하였다. 분석결과 모델 3의 설명력은 23.0%이었으며, 주관적 경제상태 평가(β = −.289, p<.001), 주관적 건강상태 평가(β = −.320, p<.001)가 우울에 의미 있는 영향을 주었다. 그러나 만성질환 수와 일상생활 수행능력은 빈곤 노인의 우울에 영향을 주지 않는 것으로 확인되었다.

모델 4에서는 인구사회학적 특성, 경제적 요인과 함께 신체적 건강요인에 여가활동 요인의 변수로 여가활동 참여도와 여가활동 만족도가 독립변수로 추가되어 회귀분석을 실시하였다. 분석결과 모델 4의 설명력은 23.9%이었으며 연구 참여자가 경제적으로 충분하다고 느낄수록(β = −.265, p<.001), 자신이 건강하다고 느낄수록(β = −.280, p<.001), 여가활동 만족도가 높을수록(β = −.138, p<.05) 우울이 낮은 것으로 나타났다.

모델 5에서는 인구사회학적 특성, 경제적 요인, 신체적 건강요인, 여가활동 요인에 사회적 지지 관련 변인인 가족기능, 가족지지, 사회적 지지, 재가복지서비스 만족도와 이용 수가 투입되어 빈곤 노인의 우울에 미치는 영향을 분석하였다. 분석결과 모델 5의 설명력은 30.3%이었으며, 거주형태(β= -.146, p<.05), 주관적 경제상태 평가(β= -.237, p<.001), 주관적 건강상태 평가(β= -.244, p<.001), 가족기능(β= -.134, p<.05)과 가족지지(β= -.212 p<.01)가 우울에 의미 있는 영향을 주는 변인으로 확인되었다. 즉 빈곤 노인이 혼자 거주할수록, 경제적으로 충분하다고 느낄수록, 자신의 건강이 좋다고 느낄수록, 가족기능과 가족지지가 높을수록 빈곤 노인의 우울수준이 낮은 것을 알 수 있다. 그러나 여가활동 요인의 변인과 친구, 가까운 사람이나 기관에서 제공하는 사회적 지지, 재가복지서비스 만족도와 이용 수는 빈곤 노인의 우울에 의미 있는 영향을 주지 않았다.

본 연구에서는 전체 빈곤 노인의 우울수준에 영향을 미치는 요인뿐만 아니라 위험군 노인집단의 우울수준에 영향을 미치는 요인을 판별하였다. 그 결과 독거노인과 80세 이상의 후기고령 노인의 우울에는 주관적 경제상태 평가 및 건강상태 평가가 의미 있는 영향을 미치는 것으로 나타났다. 여성 노인과 사별 노인의 경우에는 주관적 경제상태 평가 및 건강상태 평가 변인과 가족기능과 가족지지가 우울에 의미 있는 영향을 미치는 것으로 나타났다. 유병 노인의 경우에는 주관적 경제상태 평가 및 건강상태 평가, 가족기능과 가족지지, 거주형태가 우울에 의미 있는 영향을 미치는 것으로 나타났다. 국민기초생활수급권자인 절대빈곤 노인의 우울수준에는 주관적 경제상태 평가 및 건강상태 평가, 가족기능 및 거주형태가 의미 있는 영향을 미치는 것으로 나타났다.

빈곤 노인의 우울수준이 노인의 특성과 기능상태에 따라 어떠한 차이를 보이는가에 대한 가설을 설정하여 검증한 결과 인구사회학적 변인을 제외한 대부분의 가설이 지지되었다. 먼저 빈곤 노인의 인구사회학적 특성과 관련해서는 우울수준에 의미 있는 차이를 보이지 않았다. 경제 및 주택 관련 요인에 따라서 우울수준을 비교해 보면, 주관적 경제상태 평가가 부정적인 노인, 정부와 복지관으로부터 생계비 지원을 받는 노인의 우울수준이 상대적으로 높았다. 신체적 건강요인에 따라 빈곤 노인의 우울수준을 비교한 바에 의하면 만성질환의 수가 많고, 주관적 건강상태 평가가 부정적이고 일상생활 수행능력이 낮을수록 우울수준이 상대적으로 높게 나타났다. 여가활동 요인에 따라서는 여가활동 참여도와 만족도가 낮은 빈곤 노인일수록 우울수준이 높게 나타났다. 그리고 사회적 지지요인에 따라서는 가족기능과 가족지지 수준이 낮고 친구와 주요 타인과의 비공식적 지지가 낮으며 재가복지서비스에 대한 만족도가 낮은 빈곤 노인의 우울수준이 상대적으로 높게 나타나 의미 있는 차이를 보이고 있다.

결론적으로 재가복지서비스를 이용하는 빈곤 노인의 우울

에 영향을 미치는 요인으로 인구사회학적 특성에서는 거주형
태, 경제적 요인으로 노인의 주관적 경제상태 평가, 신체적
건강요인으로는 주관적 건강상태 평가, 여가활동 요인에서
여가활동 만족도, 사회적 지지요인에서 가족기능, 가족지지인
것으로 규명되었다.

2. 사회복지적 함의와 제언

본 연구는 국내에서는 연구가 미흡한 빈곤 노인의 우울을
통합적이고 심층적으로 분석한 연구로 사회복지학적 가치가
매우 높다 할 수 있다. 기존의 의식주와 관련된 연구는 빈곤
노인의 복잡, 다양한 욕구를 충족시키고 나아가 삶의 질을
높이기 위한 정책을 제안하는 역할을 감당할 수 없으며, 노
인의 정신적인 건강에 초점을 맞춰 다각도의 복지요구 조사
와 지속적인 연구와 논의구조를 통하여 빈곤 노인의 우울 요
인에 접근하였다.

본 연구 결과를 통해 노인의 우울 정도에 영향을 미치는
주요 요인으로 객관적 요인이 아닌 주관적으로 느끼는 요인
이 중요함을 확인하였다. 즉 상대적 빈곤에 해당하는 노인이
주관적으로 느끼는 경제상태, 주관적 건강상태, 현대 한국사
회의 변화와 함께 새로 드러나고 있는 사회적 문제인 가족기
능과 가족의 지지가 사회적 요인으로 노인 우울에 매우 중요

한 영향을 미치고 있음이 확인되었다. 이러한 결과는 현재 사회복지기관에서 빈곤 노인에게 일회성 또는 한정적인 금전 제공 및 물질적인 지원을 실시하고 있는 재가복지사업에 대한 방향전환의 계기를 제공함으로써 이제는 지역자원과 가족 및 친척이 연계된 지지체계의 구축과 이러한 새로운 전달체계의 필요성을 제기함과 동시에 일반 노인과 다른 차별화된 개입전략을 수립하기 위한 실천전략과 서비스의 사례개입에 의미 있는 자료를 제공하고 있다.

본 연구 결과 재가복지서비스를 이용하는 빈곤 노인의 우울의 영향 요인에 관한 연구모형과 우울수준 차이에 관한 가설 검증 결과를 바탕으로 빈곤 노인의 우울 예방과 경감을 위한 노인복지 정책 및 실천방안을 제시하면 다음과 같다.

첫째, 빈곤 노인의 우울이 매우 심각한 것으로 나타난 점을 근거로 해 볼 때 빈곤 노인의 우울을 예방하고 경감할 수 있는 종합적 노인복지대책이 강구되어야 한다.

노인 정신보건사업에 있어서 치매를 위한 제도와 프로그램이 개발되어 활성화되고 있으나, 노인들에게서 쉽게 드러나지 않는 만성적 정신건강 문제인 우울에 대한 적극적인 접근이 부족하다. 따라서 빈곤 노인의 우울을 조기에 발견하여 예방하고 해결하기 위한 적절한 서비스 대책이 강구되어야 한다.

또한 노인복지 실천 분야에서도 빈곤 노인의 복잡 다양한 욕구를 충족시키고 나아가 삶의 질을 높이기 위해서는 기본적인 욕구 해결에서 탈피하여 이제는 노인의 정신적인 건강에 초점을 맞춰 다각도의 복지서비스가 제공되어야 할 것이다. 재가복지서비스를 제공하는 복지기관에서도 여가활동, 레크리에이션, 기능회복 등의 단편적 프로그램의 접근방식에서 벗어나 질병예방, 우울예방, 치매예방 등에 초점을 맞춘 예방적 차원의 전문적 서비스를 제공하여 지금까지 노인 내면에 잠재되어 있던 각종 문제 현상들을 도출해 낼 수 있는 전문 상담기능이 강화되어야 하며 상담의 결과를 토대로 위기개입 등의 다양한 전문적 복지서비스가 함께 제공될 수 있는 방안도 검토되어야 할 것이다.

둘째, 빈곤 노인에 대한 종합적 사례관리를 활용한 건강서비스가 이루어져야 할 것이다.

본 연구에 의하면 만성질환이나 일상생활 수행능력보다는 주관적 건강상태 평가가 우울에 가장 의미 있는 영향을 미치는 것으로 나타났다. 그리고 만성질환의 수가 많고, 일상생활 수행능력이 낮을수록 우울수준이 높긴 하지만, 빈곤 노인의 우울을 결정하는 주요 변인은 아닌 것으로 나타났다. 따라서 질병치료, 기능회복 자체만을 목적으로 하는 단편적 건강서비스보다는 예방-치료-기능회복이라는 연속선상의 종합적 건강서비스를 개발하고, 노인의 특성에 맞는 개별화된 사례관리 서비스가 이루어져야만 빈곤 노인의 우울을 예방, 경감할 수 있을 것이다. 따라서 질병을 예방하는 예방적 활동을 늘리고, 질병을 갖고 있더라도 이를 효율적으로 관리해 주는 서비스 개발이 필요하다.

즉 지역사회에 거주하고 있는 재가 빈곤 노인들이 만성질환이 있다면 이를 잘 관리하여 합병증을 줄여 나갈 수 있는 전문적 관리 개입이 필요하며, 이를 위하여 민·관이 협력하여 상호 연계된 체계망을 구축함과 동시에 통합적 사례관리의 실시가 필요하다. 또한 질병이 없는 노인이라면 지역 의료기관들과 연계하여 정기적인 무료진료, 건강증진을 위한 운동, 영양 등의 다양한 복지프로그램을 이용하여 건강에 대한 자신감을 얻을 수 있도록 하는 전문화된 건강관리 프로그램이 사회복지 프로그램의 일환으로 활성화될 수 있는 방안이 마련되어야 할 것이다.

셋째, 빈곤 노인을 위한 소득보장 대책이 절대빈곤의 해결에서 벗어나 상대적 빈곤을 해결하는 방향으로 재조정되어야 한다.

본 연구에서 빈곤 노인의 주관적 건강상태 평가가 우울에 강한 영향을 미치는 것으로 나타났다. 이는 빈곤 노인에 대한 최저생계비 지원으로 기초생활 욕구를 충족시키는 현행의 국민기초생활보장제도의 생계급여 및 제반 급여의 수준을 상향 조정함으로써, 빈곤 노인들의 경제적 안정감을 유도함과 동시에 우울 예방과 경감에도 기여할 수 있을 것이다.

넷째, 빈곤 노인 가족에 대한 상담 프로그램과 가족지원서비스가 강화되어야 할 것이다.

본 연구에서는 빈곤 노인이 가족과 함께 거주할수록 우울이 높은 것으로 나타났으며 노인의 가족기능과 가족지지는 우울에 영향을 주는 주요 변인으로 확인되었다. 이는 자녀 간의 관계에 중요한 요소는 단순한 자녀와의 동거 여부가 아니라 가족의 지지와 기능수준이 중요 요인이라는 의미를 지니고 있다. 그러므로 빈곤 노인의 우울을 감소시키고 예방하기 위해서는 거주형태와 같은 객관적 차원의 가족 유형으로 접근하기보다는 노인들의 가족과 유대관계를 높일 수 있는 방안이 더욱 중요할 것으로 보인다. 이를 위해서는 가족뿐만 아니라 노인 스스로도 가족과의 관계를 높이기 위한 가족상담, 집단상담, 심리치료, 가족치료 등의 프로그램을 실시하고 우울예방, 치매예방, 뇌졸중 예방, 황혼이혼 예방, 사별 후 생활안정 등에 초점을 맞춘 예방적 요인의 서비스를 제공할 수 있도록 정신보건센터, 건강가정지원센터, 위기가정지원센터, 가정상담소 등의 연계 개입이 적극 필요하며 아울러 상담기능의 활성화를 통하여 가족의 기능을 강화할 수 있는 프로그램의 정착을 위하여 지역 자원의 동원과 참여의 노력이 필요할 것이다. 뿐만 아니라 빈곤 노인에 대한 가족의 지지를 강화하기 위해서는 빈곤 가족의 지지자원 확보가 필수적이므로 빈곤 가족에 대한 지지서비스가 보다 강화되어야 할 것이다.

다섯째, 빈곤 노인을 위한 재가복지서비스의 질적 개선이 요구된다.

본 연구에서는 재가복지서비스에 불만족스럽다고 응답한 노인의 우울점수가 가장 높았으며 서비스 만족도에 따라 우울에 차이가 있는 것으로 나타났다. 또한 사회적 지지의 양적 측면보다는 수혜자의 만족을 고려한 질적 측면이 우울에 더욱 의미 있는 차이를 유발하는 것으로 나타났다. 이는 현행 재가복지서비스가 수혜노인에게 삶의 질 향상이라는 궁극적 목표를 달성하는 데 한계가 있음을 의미한다. 따라서 재가복지 담당 사회복지사는 공식적 지지체계와 비공식적 지지체계에 대한 정확한 사정과 개입을 통해 재가복지서비스 수혜 노인들의 복합적인 욕구에 대처하기 위해 전문적인 교육과 적극적인 실천 기법들의 개발에 노력을 기울여야 할 것이다. 아울러 빈곤 노인을 위한 적절한 서비스 제공을 위해서는 복지-보건-고용이 연계된 One-Stop서비스가 이루어지도록 해야 하며, 사회복지 분야에서의 인력, 서비스 연계를 위한 지지망 구축 및 자원의 전산화 등 정책집행 인프라가 구축될 수 있도록 적극적이고 높은 수준의 서비스 개입과 조정이 이루어져야 할 것이다.

여섯째, 향후 빈곤 노인의 우울에 대한 질적 연구와 우울 예방 및 경감 프로그램의 효과성을 평가하는 연구가 이루어져야 할 것이다.

본 연구는 빈곤 노인의 우울에 영향을 미치는 요인을 판별하여 노인복지정책과 실천의 방향을 제시했다는 의의가 있으나, 빈곤 노인의 심층심리를 파악하지 못하고 우울 예방과 경감을 위한 구체화된 프로그램을 제시하지 못하였다. 따라서 빈곤 노인의 우울에 대한 향후 연구에서는 본 연구의 한계를 보완하기 위한 연구가 이루어져야 할 것이다.

· 국내문헌

강희숙, 김근조 (2000). "일부 지역 노인의 신체적 건강과 우울과의 관련성", 대한보건협회 학술지, 26(4), 451-459.

고영진 (2003). "저소득층 노인의 재가 노인서비스 욕구와 서비스 개선방안에 관한 연구", 서강대학교 석사학위논문.

고현남, 이삼순, 한희자 (2001). "농어촌지역 노인의 우울 정도와 관련요인", 정신간호학회지, 10(4), 645-655.

권석만 (2004). 「우울증」. 학지사.

권석만, 민병배 (2000). 「노년기 정신장애」. 학지사.

권중돈. (2005). 「노인복지론」. 학지사.

권중돈, 조주연 (2000). "노년기의 삶의 만족도에 영향을 미치는 요인", 한국노년학회지. 20(3), 61-76.

권창희 (1995). "노인환자의 우울증과 일상생활 수행능력의 관련성", 경북대학교 석사학위논문.

곽만석 (2005). "성공적인 노화에 영향을 미치는 요인 연구", 침례신학대학교 사회복지대학원 석사학위논문.

공수자, 한규석, 이은희(2004). "한국 노인의 주관적 안녕감 모형개발: 자존심의 매개효과 검증", 한국심리학회지: 건강, 9(3), 243-263.

김도환 (2001). "노인이 지각한 가족지지, 자아존중감 및 우울과의 관계연구", 한국 노인복지학회, 가을호, 113-144.

김도훈, 오병훈, 이후경, 유계준 (1997). "노인의 여가기능이 우울척도에 미치는 영향", 노인정신의학, 1(1), 73-80.

김동배 (1999). "미래사회와 노인여가활동. 미래사회와 노후생활", 한국노인문제연구소, 노인복지정책 연구총서, 15호.

김동배, 손의성 (2005). "한국 노인의 우울관련 변인에 대한 메타분석", 한국노년학, 25(4), 167-187.

김미곤, 양시현, 최현수 (2006). "한국의 빈곤동향과 정책방향. 빈곤과 불평등 실태 및 정책대안 토론회", 한국보건사회연구원.

김미혜, 이금룡, 정순돌 (2000). "노년기 우울증 원인에 대한 경로분석", 한국노년학, 20(3), 211-226.

김미혜, 정순돌, 이금룡 (2001). "재가노인의 우울증 예방 프로그램 개발과 효과성 연구 ―사회복지관 이용노인을 중심으로―", 한국사회복지학, 44(3), 318-345.

김병수, 장홍석, 이준영, 서국희, 홍진표, 함봉진, 조맹제 (2003).

"한국 노인 우울증의 발현증상", 7(2), 163-177.

김병하, 남철현 (1999). "유배우 노인의 우울 정도와 관련요
인 분석", 한국노년학, 19(2), 173-192.

김성연, 박미석 (2000). "도시노인의 여가생활 만족도에 관한
연구", 한국가정관리학회지, 18(1), 67-84.

김성희 (2006). "일개 보훈 병원에서 입원환자 중 Long Term
Care의 수요 추정 —KADL & KIADL을 이용하여—",
가정의학회지, 27, 215-551.

김숙영, 원종순 (1999). "노인의 건강상태 및 일상생활 양식",
기본간호학회지, 6(2), 1999.

김영모 (1990). 현대사회보장론. 한국복지정책연구.

김오남 (2003). "농촌노인의 건강수준, 사회적 지지와 우울에
관한 연구", 한국가족복지연구, 8(2), 273-290.

김영범, 박준식 (2005). "한국 노인의 가족관계망과 삶의 만
족도: 서울지역노인을 중심으로", 한국노년학, 24(1),
169-185.

김옥수, 백성희 (2003). "노인의 외로움과 사회적지지, 가족기
능 간의 관계연구", 대한간호학회지, 33(3), 425-432.

김옥수, 양경미, 김계하 (2005). "사별 노인의 성별에 따른 학
대, 의존성 및 우울에 관한 연구", 대한간호학회지,
35(2), 336-343.

김인자, 서문자, 김금순, 조남옥 (1999). "사회적 지지의 특성

에 따른 뇌졸중 환자의 우울", 재활간호학회지. 2(2), 206-214.

김점희 (2006). "노인의 재가복지서비스 이용의향에 영향을 미치는 요인에 관한 연구", 경상대학교 석사학위논문.

김진세, 이현수, 정인과, 곽동일 (1998). "배우자와 사별한 노인의 우울증상", 노인정신의학, 2(1), 85-93.

김진순, 손태용, 금란, 홍금덕 (1999). "경기지역의 보건소 및 경로당 이용노인의 우울성향과 관련 요인", 19(3), 141-153.

김진욱 (2006). "한국 노인의 생활시간에 관한 연구", 노인복지연구, 32, 149-177.

김태현 (1999). "노인의 가족결속력과 효의식 및 우울에 관한 비교문화적 연구 —한국 노인과 재미한국 노인을 대상으로—", 한국노년학, 19(2), 79-93.

김현숙, 유수정, 한규량 (2002). "지역사회 여성 노인의 인지기능, 신체적 건강, 자아존중감 및 사회적 지지와 우울 간의 관계", 노인간호학회지, 4(2), 163-175.

김형수 (2000). "노인과 자살", 노인복지학회, 28, 25-45.

김혜영(2005). "노인의 자살생각과 관련요인에 관한 연구", 이화여자대학교 사회복지대학원 석사학위논문.

김홍기, 장선향, 이선미, 정의식 (1991). "우울증 환자에서 가족기능도 지수와 가족적응력, 결속력 평가척도에 대한 연구", 가정의, 12(7), 36-46.

나항진 (2004). "삶의 질 향상을 위한 노인 여가의 역할에 관한 연구", 한국노년학, 24(1), 53-70.

노유자, 김춘길 (1995). "가정노인과 양로원노인의 체력, 자기효능, 일상생활활 동능력 및 삶의 질에 관한 연구", 간호학회지, 25(2), 25-278.

대한노인정신의학 (1998). 「노인정신의학」. 중앙문화사.

류성훈, 이귀행, 오상우 (1990). "노인의 우울, 불안 및 인지기능에 미치는 인자들의 영향에 관한 연구", 신경정신의학, 29(4), 832-841.

문수경 (2004). 노인의 생활 만족도에 영향을 미치는 요인. 경성대학교 석사학위논문.

박봉길, 전석균 (2006). "노인의 자살생각에 영향을 미치는 우울을 매개로 하는 관련요인 연구", 정신보건과 사회사업, 22(4), 59-90.

박선영 (1998). "사회적 지지가 저소득층 노인의 생활 만족도에 영향을 미치는 요인에 관한 연구", 이화여자대학교 석사학위논문.

박인옥, 김진세, 이강준, 정인과 (1998). "한국 노인의 우울요인", 노인정신의학, 2(1), 47-63.

박차상, 김옥희, 엄기욱, 이경남, 정상양, 배창진 (2005). 「한국 노인복지론」. 학지사.

보건복지부 (2004). 「2004 보건복지 통계연보」.

보건복지부 (2000). 「부천시 노인정신건강증진 프로그램 개발을 위한 기초조사」.

보건복지부 (2005). 「2004년도 전국노인 생활실태 및 복지요구조사」.

서경현, 김영숙 (2003). "독거노인의 자아존중감과 우울", 한국심리학회지: 사회문제, 9(1), 115-137.

서국희, 김장규, 정희연, 김무진, 조맹제 (1999). "농촌 노인의 자살사고와 관련된 요인들", 노인정신의학, 3(1), 70-77.

서순림, 노복늠, 노명희, 성기월 (1998). "노인의 일상생활 수행능력과 우울 및 건강문제", 경북간호과학회지, 2(2), 37-50.

성규탁 (1990). "한국 노인의 가족 중심적 상호부조망: 강화하는 문화적 전통", 한국노년학, 12(2), 163-178.

성혜영, 유정헌 (2002). "성공적인 노화개념의 인식에 관한 연구: Q 방법론적 접근", 한국노년학, 22(2), 75-93.

신경림, 김미영 (2001). "한국 일 도서지역 노인의 인지기능과 우울 간의 관계", 노인간호학회지, 3(1), 32-41.

신승연 (1998). "시설노인의 다양한 지지원천이 우울에 미치는 영향", 사회과학연구, 2, 63-74.

신은영, 이인수 (2002). "고령기 우울에 영향을 미치는 가족 사회 속성과 행동양식", 사회복지연구, 15, 147-167.

신효식, 서병숙 (1994). "노부의 성인자녀와의 결속도, 자아존중감, 심리적 손상 간의 인과모형", 한국노년학회지, 14(2), 121-132.

안미경 (2005). 빈곤 노인의 소득보장 방안에 관한 연구. 대구대학교 석사학위논문.

양승애 (2002). "저소득층 독거노인의 일상생활 체험 연구", 이화여자대학교 박사학위논문.

양옥남 (1995). "노인과 부양자의 스트레스와 대처방안에 관한 연구 ―저소득층을 중심으로―", 이화여대 석사학위논문.

오경희 (2002). "노인의 일상생활 수행능력과 삶의 만족도에 관한 연구", 청주대학교 석사학위논문.

이금재 (2003). "병원 입원노인의 일상생활 수행능력과 가족지지가 삶의 질에 미치는 영향", 한림대학교 석사학위논문.

이가옥, 우국희, 최성재 (2004). "노인독립 담론에 대한 비판적 성찰", 한국사회복지학, 36(1). 5-22.

이민숙 (2005). "노인의 우울과 자살에 대한 사회적 지지의 영향", 임상사회사업연구, 2(3), 191-211.

이선미 (2003). "노년기 부부관계 향상을 위한 가족생활교육 프로그램 개발 및 평가", 한국노년학, 23(1), 93-112.

이수애, 이경미 (2002). "농촌지역 노인의우울증 결정요인에 관한 연구", 한국노년학, 22(1), 209-226.

이승미 (2002). "한국 노인의 계층별 건강상태와 사회적 지원의 영향에 관한 연구", 한국노년학, 22(3), 135-157.

이영석, 천병렬, 김상순, 이삼순 (1996). "일부농촌 지역의 재택노인들의 일상생활활동 및 우울 정도", 한국농촌의학회지, 21(2), 195-207.

이영자, 김태현 (1999). "단독가구노인의 스트레스와 우울감", 한국노년학, 19(3), 79-93.

이은주 (2004). "노인의 자살생각에 영향을 미치는 요인에 관한 연구", 한림대학교 석사학위논문.

이은희 (2003). "주부양자가 인지한 치매노인 학대 영향요인에 관한 연구", 숭실대학교 박사학위논문.

이익섭, 김서원 (2005). "저소득 노인의 우울에 영향을 미치는 요인에 관한 연구 ―사회적 지원을 중심으로―", 한국 노인복지학회 노인복지연구, 29, 가을호, 285-308.

이인수 (2001). 「노인복지론」. 양서원.

이정우 (1997). "중노년기 기혼 여성의 여가태도 및 여가활동 참여도", 한국가족지원경영학회지, 1, 1-16.

이한주 (2002) "저소득 노인의 우울에 대한 내러티브 접근", 간호학 탐구, 11(1), 114-137.

이종복, 이은화 (2006). "지역복지 계획수립을 위한 노인복지 욕구 조사", 대한케어복지학회지, 2(2), 32-47.

이화자 (2005). "시설노인의 우울, 자아존중감 및 생활 만족도 간의 관계연구", 이화여자대학교 석사학위논문.

임경희 (2006). "스포츠 참여가 노인의 복지만족 및 여가만족에 미치는 영향", 한국체육학회지, 45(1), 185-192.

임영규 (2004). "노인환자의 일상활동 수행능력과 연관된 인자", 순천향대학교 석사학위논문.

유경자 (2004). "노인의 우울과 무력감의 관계", 충남대학교 석사학위논문.

유영주, 김순기 (2000). "여성 노인의 여가활동에 관한 연구", 노인복지연구, 제 7호.

윤 진 (1983). "발달단계에 따른 심리적 부작용", 한국노년학, 3, 5-15.

윤종희, 이혜경 (1997). "배우자가 없는 여성 노인의 자아존중감, 건강상태, 가족관계, 사회활동 참여도에 따른 생활 만족도", 한국노년학, 17(1), 289-304.

장미희, 김윤희 (2005). "노인의 스트레스, 우울 및 자살생각 간의 관계", 정신간호학회지, 14(1), 33-42.

장인순 (2003). "일부 농촌지역 여성 노인의 주관적 건강상태에 영향을 미치는 요인", 한국보건간호학회지, 17(1), 36-46.

장인협, 최성재 (1987). 「노인복지학」, 서울대학교 출판부.

장미희, 김윤희 (2005). "노인의 스트레스, 우울 및 자살생각 간의 관계", 정신간호학회지. 14(1), 33-42.

정희연 (2001). "자살생각의 신경생물학", 노인정신의학, 5(2), 120-133.

전경자, 조윤미 (2001). "일개지역 저소득 층 노인의 신체적 기능상태에 관한 연구", 대한간호학회지, 31(10), 749-758.

전용옥 (2004). "도시노인의 여가활동 유형과 생활 만족도의 상관관계 연구", 중앙대학교 석사학위논문.

전혜정 (2003). "노년기 비공식적 지원제공에 영향을 미치는 요인에 관한 연구", 한국노년학, 23(4), 143-161.

정경희, 오영희, 석재은, 도세록, 김찬우, 이윤경, 김희경 (2005). "2004년도 전국 노인생활실태 및 복지욕구 조사", 2005-03 정책보고서.

정미자 (2004). "노인의 여가활동이 우울에 미치는 영향에 관한 연구", 호남대학교 석사학위논문.

정순희, 최혜경 (2006). "한국 노인과 캐나다 노인의 여가활동시간 관련 변수에 대한 비교문화적 연구", 한국가족관계학회지, 11(2), 1-23.

정희연 (2001). "자살생각의 신경생물학", 노인정신의학, 5(2), 120-133.

조병희 (2003). "노인문제와 장기요양제도", 제28회 보건학 종합학술대회.

조맹제, 배제만, 서국희, 함봉진, 김장규, 이동우, 강민희(1999). "DSM-M-R 주요 우울증에 대한 한국판 Geriatric depression scale(GDS)의 진단적 타당성 연구", 신경정신의학, 38(1), 48-63.

조유향 (1988). "노인의 신체적, 사회적 능력 장애에 관한 조
　　사연구", 간호학회지, 18(1), 70-79.

주병애 (2004). "노인의 의존성과 부양자의 대처자원이 부양
　　자의 심리적 안녕감에 미치는 영향", 전북대학교 석사
　　학위논문.

통계청 (2005). 「2005 고령자통계」.

최명호, 선우덕, 최현민 (2001). "노인요양보험제도의 도입방
　　안 연구", 제28회 보건학종합학술대회.

최순희 (1995). "류마티스 관절염 환자의 우울에 대한 사회적
　　지지기능", 연세대학교 박사학위논문.

최영순 (2005). "재가 노인의 영양불량위험과 관련된 혈액성상
　　및 우울", 한국노인복지학회, 2005 추계학술대회, 56-74.

최영순 (2005). "일도시 지역사회 재가 노인의 우울예측 요
　　인", 한국노인복지학회, 2205년 춘계학술대회.

최영희 (2000). 「노인과 건강」. 현문사.

최영희, 안은숙 (1999). "노인의 자긍심, 무력감, 의존성에 관
　　한 연구", 간호과학 11(1), 96-107.

최현미 (2006). "저출산 극복을 위한 민간 차원의 대응", 한
　　국사회복지협의회 사회복지, 170, 가을호, 52-66.

최지호 (2000). "한국형 가족기능 평가 도구 개발", 경희대학
　　교 박사학위논문, 59.

최해경 (2002). "저소득층 조손가정 여성 노인의 우울감과 관

련 요인 연구", 한국노년학, 22(3), 207-222.

한국보건사회연구원 (2001). "노인장기요양보호 욕구실태조사 및 정책방안", 한국보건사회연구원.

황미영 (1999). "도시 저소득층 노인의 비공식 지지망 기능에 관한 연구", 한국노년학, 19(2), 27-46.

황미혜 (2000). "노인의 자가간호와 안녕에 관한 구조모형", 경북대학교 대학원 박사학위논문.

허준수, 유수현 (2002). "노인의 우울에 영향을 미치는 요인에 관한 연구", 정신보건과 사회사업, 13, 7-35.

홍성희 (1998). "노인의 여가활동 참여와 여가만족이 생활만족에 미치는 영향", 한국가정관리학회지, 16(1), 1-17.

· 국외문헌

Alexopolou, G. S. (2005). "Depression in the elderly", *Lancet*, 21(365), 1961~1971.

Baker, R. L. (1987). *The social work dictionary*. Maryland: National Association of Social Workers, Inc, Maryland.

Battle, J. (1978). "Relationship between self-esteem and depression", *Psychological Report*, 42, 745-746.

Domken, M. S., & Kelly, P. (1994). "What factor predict

discrepancies between self and observer rations of depression?", *Journal of Affective disorder*, 31(4), 253-259.

Gazamararian, J., Baker, D., Parker, R., & Blazer, D. (2000). "A multivariate analysis of factor associated with depression", *Achieves of Internal Medicine*, 160, 7-3311.

Katz (1963). "The index of ADL: A standard measure of biological and physiological function", *JAMA*, 185, 914-919.

Kissane, M., & McLaren (2006). "Sense of belonging as a predictor of reasons for living in older adults", *Death Studies*, 30(3), 243-258.

Krause, N., & Liang, J. (1993). "Stress and social support and psychological distress among the chinese elderly", *Journal of Gerontology: Psychological Science*, 48, 282-291.

Kuypers, J. A. & Bengtson, V. L. (1973). "Social breakdown and competence: a model of normal aging", *Human Development*, 16, 181-120.

Krause, N. A, Herzorg. R. & Baker, E. (1992). "Providing Support to other and well-being in later life",

Journal of Gerontology, 41, 589-593.

Lawton, M. P., & Bordy, E. M. (1969). "Assessment of older people, self-maintaining and instrumental activities of daily living", *The Gerontologist*, 9, 179-186.

Lee, Y. H., Choi, K. S. (1999). "Factors associated with physical fucntioning among community dwelling older adults", *Korean J Prev Med*, 32(3), 325-332.

Levinson, C. M., & Druss, B. G. (2005). "Health beliefs and depression in a group of elderly high utilizers of medical services", *General Hospital Psychiatry*, 27, 97-99.

Litwin, H. (1995). "The social networks of elderly immigrants: A analytic typology", *Journal of Aging studies*, 9(2), 155-174.

Margda, W. E. R., & Katarina, W. (2003). "Predictors of suicide in the old elderly", *The Gerontology*, 49, 328-334.

Menec, V. H., Chipperfield, J. G. (1997). "The interactive effect of perceived control and functional status on health and mortality among young-old and old-old adults", *Journal of Gerontology*, 52(3), 118-26.

Menec, V. H., Chipperfield, J. G. & Perry R. P. (1999).

"Self perception of health: A perspective analysis of mortality, control, and health", *Journal of Gerontology: Psychosocial Sciences,* 54B(2), 85-93

Miller, B., Cambell, R. T., Farran, C. J., Kaufman, J. E. & Davis, C. (1995). "Race, Control, Mastery and Caregiver Distress", *Journal of Gerontology: Social Science,* 50(B). S374-382

OECD (2004). 「OECD Health Data 2004」. http://www.oecd.org

Pruchno, R. A., Burant, C. J. K. & Peters, N. D. (1997). "Understanding the well-being of care-receiver", *Gerontologist,* 37(1), 102-109.

Robert, D. G. (2002). "A gloval view of suicidal behaviour", *Emergency Medicine,* 14, 24-34.

Rowe, J. W., & Kahn, R. L. (1997). "Successful aging", *The Gerontologist,* 37, 433-477.

Ross, C. E., & Mirowsky, J. (2000). "Age and the effect of economic harship on depression", *Journal of Health and Social Behavior,* 42, 132-150.

Sarason, I. G., & Sarason, B. R. (1985). "Social support: Theory, research, application", *Dorrecht, Netherlands: Martinus Nijhoff.*

Sheikh, J. I. & Yesavage, J. A. (1985). "A knowledge

assessment test for geriatric psychiatry", *Hospital & Community Psychiatry*, 36(11), 1160-1166.

Smith, A. M., Shelley, M. & Dennerstein, L. (1994). *Self-rated health.* Biological continuum.

Speake, D. L., Cowart, M. E., & Pellet, K. (1989). "Health perceptions and lifestyles of the elderly", *Research in Nursing & Health*, 12, 93-100.

Tran, T. V., & Williams, L. F. (1998). "Poverty and impairment in activites of living among elderly Hispanics", *Social Work Health Care*, 26(4), 59-78.

Van der Poel, M. G. M. (1993). "Delineating personal support networks", *Social Networks*, 15, 49-70.

Van Maanen, H. M. (2006). "Being old does not always mean being sick: perspectives on conditions of health as perceived by British and American elderly", *Journal of Advanced Nursing*, 53(1), 54-61.

Vaux, A., Reidel, S., & Stwart, D. (1987). "Model of social support: The social support behavior scale", *American Journal of Community Psychiatry*, 15, 209-237.

Ware, J. E., & Sherbourne, C. D. (1992). "The MOS 36-item short-form health survey(SF-36): 1 conceptual framework and item selection", *Med Care*, 30, 473.

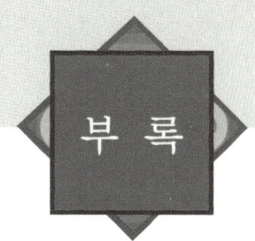

부 록

빈곤 노인의 우울에 관한 조사

안녕하십니까?

본 설문지는 어르신들의 우울을 연구하기 위해 작성된 것이오며 연구 결과는 어르신들을 위한 재가노인복지 프로그램 개발 및 정책적 제언에 유용한 자료로 활용될 것입니다.

응답 내용은 무기명으로 처리되며 연구목적 이외에는 사용되지 않을 것입니다.

설문지 작성은 약 40분 정도 걸릴 것이며 질문에 대해 빠짐없이 솔직하게 대답해 주시기 바랍니다.

협조해 주셔서 감사합니다.

평택대학교 대학원 사회복지학과 박사과정 김옥규

011-712-6333   oakkyu@hanmail.net

1. 다음은 어르신의 우울 정도에 관한 질문입니다. 지난 한 주 동안에 어르신의 기분이 어떠했는지 답하여 주십시오

no	문 항	예	아니오
1	기본적으로 자신의 생활에 만족하십니까?		
2	전에 하던 취미생활이나 활동을 많이 중단했습니까?		
3	생활이 공허하다고 느낍니까?		
4	흔히 지루하게 느낍니까?		
5	기분이 좋은 상태입니까?		
6	앞으로 불행한 일이 생길 것을 염려합니까?		
7	대부분의 경우 행복하다고 느낍니까?		
8	흔히 자신이 무력하다고 느낍니까?		
9	새로운 사람을 만나는 것보다 집안에 있는 것을 더 좋아합니까?		
10	다른 사람보다 더 기억력에 문제가 있다고 생각하십니까?		
11	살아 있는 것이 행복한 일이라고 생각하십니까?		
12	자신이 가치 없는 인생이라고 생각하십니까?		
13	힘이 넘치는 상태입니까?		
14	자신의 상태가 희망이 없는 상태라고 느낍니까?		
15	다른 사람들이 당신보다 나은 상태라고 생각하십니까?		

2. 다음은 가족생활 중 가족지지에 대한 항목입니다. 어르신의 가족에 가장 적합하다고 생각하는 곳에 V표 해주십시오.

no	문 항	전혀 그렇지 않다	가끔 그렇다	때때로 그렇다	자주 그렇다	항상 그렇다
1	우리 집에서는 자녀들이 결정한 것을 부모가 잘 받아 준다					
2	우리 가족은 항상 꿈을 갖게 한다					
3	우리 가족은 힘들 때 격려해 준다					
4	우리 가족은 서로의 일을 잘 도와준다					
5	우리 가족은 서로의 의견을 존중한다					
6	우리 가족은 각자의 시간을 소중히 여긴다					
7	우리 가족은 각자의 적성을 중요하게 여긴다					
8	우리 가족은 서로 이해를 잘 해 준다					
9	우리 집은 자녀가 하는 일을 밀어 준다					
10	우리 가족은 친구처럼 지낸다					
11	우리 가족은 가족의 생일을 잘 챙겨 준다					
12	우리 가족은 단합이 잘 된다					
13	우리 집은 자녀의 진로, 진학에 대해 관심을 갖고 격려해 준다					
14	우리 가족은 아플 때 서로 위해 준다					

3. 다음은 가족생활 중 가족기능에 대한 항목입니다. 어르신의
   가족에 가장 적합하다고 생각하는 곳에 V표 해주십시오

no	문 항	전혀 그렇지 않다	가끔 그렇다	때때로 그렇다	자주 그렇다	항상 그렇다
1	우리 가족은 이기적이다					
2	우리 가족은 함께 하는 시간이 많다					
3	우리 가족은 집안일을 돕는다					
4	우리 가족은 서로 비밀이 많다					
5	우리 가족은 서로를 칭찬해 준다					
6	우리 가족은 서로에게 무관심하다					
7	우리 가족은 자기일은 스스로 하도록 한다					
8	우리 가족은 의견이 달라서 합의가 안 된다					
9	우리 가족은 친척과 잘 지낸다					
10	우리 가족은 대화가 단절되어 있다					
11	우리 집은 모든 일이 부모 중심으로 이뤄진다					
12	우리 가족은 서로에 대한 신뢰감이 없다					
13	우리 가족은 서로 싸운다					
14	우리 가족은 문제가 있어도 서로 도움을 청하지 않는다					
15	우리 가족은 대화를 많이 한다					
16	우리 가족은 친밀감을 느끼지 못한다					
17	우리 가족은 각자 맡은 일을 잘 한다					

no	문 항	전혀 그렇지 않다	가끔 그렇다	때때로 그렇다	자주 그렇다	항상 그렇다
18	우리 가족은 함께 있으려 하지 않는다					
19	우리 가족은 일을 자발적으로 하지 않는다					
20	우리 가족은 일이 잘못될 때 서로를 비난한다					
21	우리 가족은 이웃과 잘 지낸다					
22	우리 집 분위기는 썰렁하다					
23	우리 가족은 단합이 잘 된다					
24	우리 가족은 서로에게 말하는 것에 대해 조심하지 않는 편이다					
25	우리 가족은 함께 여가를 즐기는 생활(여행, 등산 등)을 한다					
26	우리 집에서는 부모님이 모든 결정을 한다					
27	우리 가족은 말다툼을 많이 한다					

4. 다음은 어르신의 건강상태를 알고자 하는 질문입니다. 해
   당란에 V표 해주십시오.

no	문 항	매우 나쁘다	비교적 나쁘다	보통 이다	비교적 좋다	매우 좋다
1	현재 어르신의 전반적인 건강상태 는 어느 정도입니까?					
2	3년 전과 비교할 때 현재 어르신의 건강상태는 어떠합니까?					
3	같은 나이의 다른 사람과 비교할 때 어르신의 건강상태는 어떠합니까?					

5. 다음은 여가활동에 관한 질문입니다. 어르신께서 평소에 여가시간을 어떻게 보내십니까? 해당 번호에 V표 해주십시오

no	문 항	거의 매일	주 2회 이상	월 3-4회	월 1-2회	거의 안함
1	TV 시청/라디오 청취	5	4	3	2	1
2	걷기 및 산책, 약수터 가기	5	4	3	2	1
3	시장가기, 쇼핑	5	4	3	2	1
4	서예, 음악 감상	5	4	3	2	1
5	묵상, 선, 요가, 단전호흡	5	4	3	2	1
6	가족동반 외식이나 외출	5	4	3	2	1
7	정원손질, 가옥 외 미화작업	5	4	3	2	1
8	자녀 집 방문(손자녀와 놀아주기)	5	4	3	2	1
9	친구와의 회식, 대화	5	4	3	2	1
10	화투, 장기, 바둑(놀이, 오락)	5	4	3	2	1
11	게이트볼, 테니스, 골프 등의 운동	5	4	3	2	1
12	독서, 신문스크랩, 문헌수집	5	4	3	2	1
13	신문, 잡지보기	5	4	3	2	1
14	동창회, 향우회, 친목회 참여	5	4	3	2	1
15	사회봉사활동(조기청소, 청소년선도)	5	4	3	2	1
16	주일예배, 미사, 법회참석(종교활동)	5	4	3	2	1
17	학습활동(교양강좌, 노인학교 등)	5	4	3	2	1

6. 다음은 어르신의 여가생활에 대한 만족도입니다. 어르신의
   여가활동에 대한 생각을 솔직히 답하여 주십시오

no	문 항	그렇다	약간 그렇다	보통 이다	약간 그렇지 않다	그렇지 않다
1	여가활동은 나에게 자신감을 준다	5	4	3	2	1
2	여가활동이 성취감을 느끼게 한다	5	4	3	2	1
3	여가활동은 새로운 경험의 기회를 준다	5	4	3	2	1
4	여가활동은 스트레스 해소에 도움을 준다	5	4	3	2	1
5	여가활동이 다른 사람에 대해 배우는 기회가 된다	5	4	3	2	1
6	여가활동을 통해 다른 사람과의 대인관계를 갖는다	5	4	3	2	1
7	여가활동이 다른 사람과 친밀한 관계를 맺는 데 도움을 준다	5	4	3	2	1
8	여가활동이 감정을 건강하게 한다	5	4	3	2	1
9	여가활동을 통해 체력을 단련한다	5	4	3	2	1
10	여가활동을 통해 육체적 재충전을 한다	5	4	3	2	1
11	여가활동 조건은 주로 쾌적한 편이다	5	4	3	2	1

7. 어르신이 어떤 어려움을 가질 때, 당신의 친구들이 얼마나 도와줄 수 있을지를 그들과의 과거 경험에 기초해서 아래 문항에 대하여 답변하여 주십시오. 사회적 지지망에는 이웃이나, 사회복기관, 종교단체, 관공서에 속한 사람을 답해 주십시오.

점 수	내 용
1	아무도 없다
2	누군가가 해 줄 수 있을 것도 같다
3	몇몇의 친구들은 아마 해 줄 수도 있을 것이다
4	몇몇의 친구들은 확실히 해 줄 것이다
5	대부분의 친구들은 확실히 해 줄 것이다

no	내 용	친 구	사회적 지지망 가장 가까운 사람 누구?
1	내가 기분이 언짢을 때 나를 위로해 줄 것이다	1 2 3 4 5	1 2 3 4 5
2	내가 느끼는 것에 대해 이야기하고 싶을 때 잘 들어 줄 것이다	1 2 3 4 5	1 2 3 4 5
3	나에게 힘든 일이 있을 때 나를 격려해 줄 것이다	1 2 3 4 5	1 2 3 4 5
4	나를 방문하거나 혹은 자신의 집으로 부를 것이다	1 2 3 4 5	1 2 3 4 5
5	나와 담소를 나눌 것이다	1 2 3 4 5	1 2 3 4 5
6	나의 안부를 묻기 위해 전화를 할 것이다	1 2 3 4 5	1 2 3 4 5
7	내가 필요로 할 때 교통상 편의를 제공해 줄 것이다	1 2 3 4 5	1 2 3 4 5
8	내가 이사를 하거나 집안의 대사가 있을 때 나를 도와줄 것이다	1 2 3 4 5	1 2 3 4 5
9	내가 필요로 하는 연장이나 장비 등을 빌려 줄 것이다	1 2 3 4 5	1 2 3 4 5
10	내가 무엇을 해야 할 것인지에 대한 조언을 해 줄 것이다	1 2 3 4 5	1 2 3 4 5
11	내가 선택할 수 있는 대안에 대해 말해 줄 것이다	1 2 3 4 5	1 2 3 4 5
12	필요한 물품을 구입할 때 나를 거들어 줄 것이다	1 2 3 4 5	1 2 3 4 5
13	내가 필요했던 소품을 선물해 줄 것이다	1 2 3 4 5	1 2 3 4 5
14	꽤 큰 돈(월세나 융자 정도에 해당하는)을 나에게 빌려 줄 것이다	1 2 3 4 5	1 2 3 4 5

no	내 용	친 구	사회적 지지망 가장 가까운 사람 누구?
15	내가 병원에 갈 때 함께 갈 것이다	1 2 3 4 5	1 2 3 4 5
16	나의 질환 관리에 대해 관심을 가지고 있다	1 2 3 4 5	1 2 3 4 5
17	내가 약을 꼬박꼬박 먹는지 관심을 가지고 있다	1 2 3 4 5	1 2 3 4 5

8. 다음의 질문에 대해 어르신께서 해당되는 란에 V표 해주십시오

no	문 항	많은 도움이 필요	약간의 도움이 필요	혼자서 할 수 있다
1	목욕: 욕조 내에서 목욕하기 또는 샤워하기			
2	옷입기: 옷장이나 서랍장에서 옷을 꺼내어 입기			
3	용변: 화장실에 가서 용변을 보고 뒤를 닦고 옷을 추스르기			
4	거동: 잠자리에 눕고 일어나고 의자에 앉고 일어나기			
5	대소변 가리기			
6	식사하기			
7	전화를 사용할 수 있습니까?			
8	혼자서 멀리 외출하거나 여행을 다녀올 수 있습니까?			
9	식품점에 가서 혼자서 장을 볼 수 있습니까?			
10	스스로 본인의 식사를 준비할 수 있습니까?			
11	집안일(청소나 정리정돈)을 할 수 있습니까?			
12	수공(바느질이나 못질)을 할 수 있습니까?			
13	세탁을 할 수 있습니까?			
14	금전을 혼자서 관리할 수 있습니까?			
15	현재 약을 들고 계십니까? _____1) 예. 현재 약을 드실 때 _____① 혼자서는 전혀 복용할 수 없다 _____② 약간의 도움이 필요하다 _____③ 정확한 시간에 규정된 양을 혼자서 복용할 수 있다 _____2) 아니오. 만약 약을 드시게 된다면 _____① 혼자서는 전혀 복용할 수 없다 _____② 약간의 도움이 필요하다 _____③ 정확한 시간에 규정된 양을 혼자서 복용할 수 있다			

9. 어르신께서 해당되는 란에 V표 하시거나 기입해 주십시오.

1) 어르신의 연세는 어떻게 되십니까? _____ 세

2) 어르신의 성별은? _____ ① 남자 _____ ② 여자

3) 어르신의 결혼상태는?

_____ ① 미혼 _____ ② 기혼 _____ ③ 사별

_____ ④ 이혼 _____ ⑤ 별거

4) 어르신께서는 학교를 어디까지 다니셨습니까?

_____ ① 무학 _____ ② 초등학교 졸업

_____ ③ 중학교 졸업 _____ ④ 고등학교 졸업

_____ ⑤ 대학교 졸업

5) 어르신의 종교는 어떻게 되십니까?

_____ ① 기독교 _____ ② 불교 _____ ③ 천주교

_____ ④ 기 타 _____ ⑤ 없음

6) 어르신의 경제상태는 어떠하다고 생각하십니까?

_____ ① 부족한 편 _____ ② 보통임

_____ ③ 충분한 편

7) 어르신의 한 달 가족수입은 얼마나 되십니까?

한 달에 _____ 만 원

8) 어르신의 주거형태는 어떻게 되십니까?

_____ ① 아 파 트 _____ ② 연립주택(빌라)

_____ ③ 개인주택 _____ ④ 기타

9) 어르신께서 살고 계신 주택은 누구의 소유입니까?

    _____ ① 본인이나 배우자 소유 _____ ② 자녀소유

    _____ ③ 임대주택   _____ ④ 기타

10) 어르신께서는 현재 기초생활수급권자이십니까?

    _____ ① 예 _____ ② 아니오

11) 어르신의 월 생활비는 주로 누가 지원합니까?

    _____ ① 정부보조금 _____ ② 사회복지관의 후원금

    _____ ③ 일을 한다 _____ ④ 가족의 지원

    _____ ⑤ 기타

12) 어르신과 현재 누구와 함께 살고 계십니까?

    (③, ④번은 배우자도 포함될 수 있음)

    _____ ① 혼자 산다 _____ ② 배우자와 단둘이 산다

    _____ ③ 장남과 함께 산다

    _____ ④ 장남 이외의 자녀와 함께 산다

    _____ ⑤ 친척이나 친구와 함께 산다

    _____ ⑥ 기타_____

13) 어르신께서는 직업이 있으십니까?

    _____ ① 없음 _____ ② 있음

13-1) 직업이 있으시다면 어떤 일을 하고 계십니까?

    _____ ① 서비스업 _____ ② 생산직

    _____ ③ 사무직 _____ ④ 유급봉사활동

    _____ ⑤ 기타_____

13-2) 어르신께서 희망하시는 직종이 있으시면 표시해 주십
시오.

_____ ① 서비스업 _____ ② 생산직

_____ ③ 사무직 _____ ④ 유급봉사활동

_____ ⑤ 기타 _____ ⑥ 없음

14) 어르신께서 갖고 계신 질병을 모두 표기해 주십시오.

_____ ① 고혈압 _____ ② 관절염

_____ ③ 당뇨병 _____ ④ 암

_____ ⑤ 뇌졸중 _____ ⑥ 심장질환

_____ ⑦ 기타_____

10. 다음은 재가복지서비스에 대한 어르신의 의견을 여쭈어
보는 내용입니다. 해당란에 V표 해 주십시오

1) 어르신께서 현재 제공받고 있는 재가복지서비스는?

_____ ① 경로식당 _____ ② 도시락배달

_____ ③ 밑반찬지원 _____ ④ 무료진료

_____ ⑤ 병원동행 _____ ⑥ 가정봉사원파견

_____ ⑦ 이·미용 _____ ⑧ 후원금·품지급

_____ ⑨ 생신잔치 _____ ⑩ 주간보호센터이용

_____ ⑪ 상담서비스 _____ ⑫ 기타_____

2) 현재 제공받고 있는 서비스에 만족하십니까?

_____ ① 만족한다 _____ ② 보통이다

_____ ③ 만족하지 못하다

3) 앞으로 가장 제공받고 싶은 서비스는?

_____ ① 경제적 지원(후원, 결연)

_____ ② 의료서비스(물리치료, 무료진료, 한방진료)

_____ ③ 보건위생 서비스(이 · 미용, 빨래, 목욕)

_____ ④ 무료급식(경로식당, 밑반찬배달)

_____ ⑤ 정서적 서비스(말벗, 전화안부드리기)

_____ ⑥ 가정봉사원 파견

_____ ⑦ 교육서비스(한글교실, 노인대학, 노인교육프로그램)

_____ ⑧ 상담서비스

_____ ⑨ 기타_____

4) 현재 어르신께서 안고 있는 문제점 중 가장 어려운 점은
무엇입니까?

_____ ① 경제적 어려움 _____ ② 건강악화

_____ ③ 취업문제

_____ ④ 소외감 등 정서적 문제

_____ ⑤ 가족 간의 갈등 _____ ⑥ 여가활용문제

_____ ⑦ 삶의 의욕상실 _____ ⑧ 기타_____

설문에 응해 주셔서 대단히 감사합니다.

· 저자 ·

김옥규 · 약 력 ·
강남대학교 사회사업학과 졸업
숭실대학교 대학원 사회복지정책학과 졸업
평택대학교 대학원 박사과정, 사회복지학 박사

평택대, 경원대, 안양과학대 외래교수
사회복지사 국가시험 제1,2회 출제위원
경기도사회복지협의회 부회장
경기도사회복지위원회 위원
경기도공동모금회 자문위원
경기도사회복지관협회장 역임
성남시사회복지협의회장 역임
현 청솔종합사회복지관장
청솔주간보호센터소장
푸른솔노인대학장
성남시실버인력뱅크센터장
청솔지역아동센터장

· 주요논저 ·
『자원봉사프로그램 백과』
「저소득여성가장 임파워먼트 프로그램 적용사례」
「가정봉사원 파견사업의 실태와 만족도에 관한 연구」
「지역주민 생활환경에 따른 복지프로그램 선호도 경향분석」
「재가복지대상자의 사례관리과정 중 효과적인 자료사정 방법에 관한 연구」

현대사회
노인우울의
위기개입

- 초판 인쇄 2007년 11월 15일
- 초판 발행 2007년 11월 15일

- 지 은 이 김옥규
- 펴 낸 이 채종준
- 펴 낸 곳 한국학술정보㈜
  경기도 파주시 교하읍 문발리 513-5
  파주출판문화정보산업단지
  전화 031) 908-3181(대표) · 팩스 031) 908-3160
  홈페이지 http://www.kstudy.com
  e-mail(출판사업부) publish@kstudy.com
- 등   록 제일산-115호(2000. 6. 19)
- 가   격 19,000원

ISBN 978-89-534-7787-2 93330 (Paper Book)
      978-89-534-7788-9 98330 (e-Book)